大切な人が　がんになったとき…

生きる力を引き出す寄り添い方

樋野興夫

JN184203

青春新書
PLAYBOOKS

大切な人が　がんになったとき…

なぜ、どうして…

何の、誰のせいで…

いつから…

どうすれば…

たくさんのことが
次から次へとわきあがってきます。

どう考えて
何をすればいいのか…

これまで多くの患者や家族と
個人面談をつづけてきて
見えてきたことを綴りました。

はじめに

がんはいま、不治の病ではなくなっています。五年生存率も約六五％を超え、治療法も日々進化しています。

それでも、生存率が上がらないがんも依然多く、日本人の二人に一人はがん患者となり、三人に一人はがんによって命を奪われています。

治る病気になってきたとはいえ、がんを宣告された患者、その家族のショックの大きさは、まだまだ計り知れないものがあるのです（昨今、わたしたち医療従事者のあいだでは、「看護師さん」「患者さん」ではなく看護師、患者と呼ぶようになってきています）。

わたしは病理学者です。臨床医とちがって診察はしませんから、ふだんは患者や家族と接する機会はありません。そのわたしが二〇〇八年に「がん哲学外来」を創設したのは、診断や治療とはちがったがんへのアプローチが必要だと考えたからです。

それまで患者や家族と医師が話す場は、病院の中しかありませんでした。病院の外で、医師と話せる場があったら、患者・家族にもっと向き合えるのではないか。患者も、病院内ではいえないことを話したり、聞けなかったことをたずねたりできるのではないか。そういう思いが原点でした。

それから一〇年。こんなに続くとは正直思っていませんでしたが、がん哲学外来も、その後に生まれた「メディカル・カフェ」も全国に広がっています。

その間、三千人を超える患者、家族と個人面談をするなかで、気づいたことがあります。

「冷たい家族より、あたたかい他人にそばにいて欲しい」

という本音を、残念ですが多くの患者が抱えているということです。家族の冷たさに悩みながらがんと闘っている。それが現状なのです。

とりわけ、がんになった妻は夫の冷たさを感じ、傷ついています。一方、がんになった夫は妻の余計なお節介に辟易している。

もちろん、家族は患者を精いっぱい思い、できるかぎりの看病をしているのです。にもかかわらず、冷たいと思われてしまう。すれちがいが起きています。敏感になっている患者は、接する家族の顔つきによって、冷たさを感じてしまうのです。

「そういわれても……、いつも笑顔で接するように気をつけてるのに」

たしかにそうでしょう。

しかし、**微笑んでいる顔つきにも、患者を癒やす顔つきと傷つけるそれがあるのです。**

顔立ちは生まれもったものですから変えることはできませんが、顔つきは心のもちようで、一瞬にして変えられます。

言葉も同じです。

励ますつもりの「元気を出してね」も、いう場面やいい方、いう人によって、癒やすことにもなるし、傷つけることにもなるのです。

なぜ、すれちがってしまうのでしょうか。

がんが見つかった夫に、

「〜〜を食べなさい、〜〜を飲みなさい」

とすすめてみても、夫の反応がどうも鈍い。せっかく良かれと思っていってるのに……という妻。

実はこういうケースはとても多いのですが、夫はそんなに食欲がない、食べられないからいい反応をできないわけです。そういう夫の反応、サインを見逃して自分の気持ちですすめている。もちろん良かれと思ってのことですが、これではすれ違いが続いてしまいます。


いま夫がしてほしいのはどんなことなのか。

飲食よりも、
・病室が朝晩冷えるから暖かい毛布がほしい。
・夕方から夜になるとむしょうに不安になってしまうから、好きな司馬遼太郎の本をいくつか欲しい。でも、だいぶ昔に買った文庫本は文字が小さいうえインクが薄くなってきていて読みづらいから単行本を買ってきてほしい。
・自宅の窓から季節の花を眺めている時間が一番癒される。窓が汚れてるから拭いてほしい。

といったことなのかもしれません。

これが患者が必要としていることなら、それをキャッチしてやってあげる。これがわたしのいう「対話」です。それに対して、患者が必要としていない「あれをしなさい、これをしなさい」は、対話ではなく「会話」と呼んでいます。

「対話」をしてくれる家族が、患者にとってどれほど心強いか……。

風貌、顔つきひとつ、たったひと言の言葉でも患者を癒すことができる人に、家族がなることが大切です。

とはいえ、誰だって身内ががん患者になることに慣れてなどいませんから、

「最初から〝癒せる人〟になるなんてむずかしい」

「とにかく治ってもらうための世話をするだけで精一杯だ」

と思われるかもしれません。

でも大丈夫です。長年、患者や家族とじっくり個人面談を通じて向き合ってきてわかったことですが、顔つきも言葉も、一瞬にして変えられるのです。

この本では、風貌（顔つき）や言葉をはじめとして、どうすれば「対話」がしやすくなるかについて、患者と家族からわたしが教えられたことを綴りました。

樋野興夫

目次

2章 「寄り添う」と「支える」の違いとは

3章 純度の高い医者を見極める

4章 がんと共存して生きる

5章 がん哲学外来とカフェの力

6章 自分の役割・使命に気づく

❁章扉 写真 1章 iplan/a.collectionRF/amanaimages 2章 Ekaterina Pokrovsky/shutterstock 3章 B.SCHMID/a.collectionRF/amanaimages
4&5章 NAOKI MUTAI/a.collectionRF/amanaimages 6章 SHOHO IMAI/a.collectionRF/amanaimages

1章 大切な人が がんになったとき

病気があっても病人ではない

病気になって気落ちしてしまう。誰にでもあることでしょう。それががんだったら、落ち込みはさらに激しいものにもなる。そして、自分にレッテルを貼ったりするのではありませんか。

「自分は病人だ。それも、がんという重篤な病に罹った病人なのだ」

しかし、病気になったことと病人であることとはちがいます。いまいったレッテル貼り、みずから心を閉ざすこと、周囲に対して壁をつくること等々が自分を病人にしてしまうのです。

病気（がん）であっても友人や知人とそれまでどおりのつきあいをし、おしゃべりをして笑っている人がいます。仕事をつづけている人もいるし、趣味を楽しんでいる人もいるのです。

そんな人たちに共通しているのは、いまはたまたまがんという属性が加わってはいるものの、「自分である」ということは病気になる前と少しも変わらない、と考えているということです。

だったら、その変わらない自分で病気と向き合ったらいいではないですか。なにも、病人なんていう新たな〝肩書き〟をぶら下げることはありません。

家族が病人にしてしまうケースもあります。

「あんまり無理をしないでね」「少し身体を休めたらどうかしら」「そんなに根《こん》をつめたらだめよ」……。そんな〝気遣い〟の言葉をいつもかけられていたら、いやでも病人である自分を意識せざるを得なくなります。こちらは、周囲によるレッテル貼りです。患者が「自分は病人だ」と思っていたら、家族がそうではないと気づかせてあげましょう。また、「うちには病人がいる」と思っていた家族も、ぜひここに気づいて欲しい。

病人として生きるか、病気でもそれまでと変わらないで自分を生きるか。それを決めるのは、患者と家族です。

耐えられない苦しみは与えられない

がん告知は患者にもその家族にも想像を超える負担を強いるものといっていいでしょう。死の問題に直面せざるを得ませんし、治療や副作用に対する不安も膨らむはずです。また、仕事のこと、経済面のこと……考えなければならないことは山ほどあります。

何から考えたらいいのか、どこから手をつけるべきなのか。頭のなかにはさまざまな思いが錯綜して、心は押し潰されそうになるかもしれません。がん患者と家族が最初にくぐり抜けなければならない関門がここにあります。

「目下の急務はただ忍耐あるのみ」

わたしがよく処方する言葉ですが、日本の病理学の父といわれる山極勝三郎のものです。

がん告知を受けたという、その状況に耐える心のかまえをする。すると、どこか腹が据わってきます。視点が定まって、やるべきことの優先順位が見えてくるといってもいいでしょう。

「いまはほかのことは措《お》いて、治療だけに専念していこう」

というふうに最優先すべきことだけに集中でき、その他の不安材料は〝耐える心〟のなかにまとめてしまっておけるのです。

つらい日々、苦しい日々がつづくかもしれません。

しかし、聖書にはこんな言葉があります。

「あなたがたを耐えることのできないような試練にあわせるようなことはなさいません。むしろ、耐えることのできるように、試練とともに、脱出の道も備えてくださいます」

（『新約聖書』「コリント1」10章13節）

これに倣えば、人には耐えられない苦しみは与えられないのです。そう考えたら、耐える心にも一本心棒が通るのではないでしょうか。

「余命」は確率にすぎない

がん患者がいちばん怖れるのは「余命の告知」ではないでしょうか。

この世に生を受けたものは一〇〇％死ぬということは誰もがわかっていますが、命の期限を切られて、平静を保てる人はいません。

患者に余命を告知するようになったのは一九九〇年代の中頃からですが、いまはその傾向が加速しています。もちろん、医学的な根拠があって医師は余命を判定するわけですが、あくまでそれは確率論です。

たとえば、「余命半年」と告げられたとしても、半年後に死を迎える確率は七〇％程度でしょう。三〇％の人にとって余命告知は〝的外れ〟なものなのです。とくにがんは人それぞれの〝個性〟が強く出る病気です。つまり、余命といっても個人差が大きいのです。

実際、がん哲学外来メディカル・カフェのスタッフをしてくれている男性は、「五年生存率三〇％」と医師から告げられましたが、それから五年半以上経ったいまも充実した日々を送っています。

「カフェを通して出かける場所が増え、病気のことを考える時間が短くなって、人とかかわれることで自分が救われている、と強く感じています。人とたくさんかかわれることが、幸せだなと思っています」

彼のこの言葉はおおいなる示唆に富んでいます。

カフェのスタッフとして他の患者のために何かをしたい、という使命感。それが確率論を打ち破ったという気がわたしにはするのです。

確率論にすぎない余命告知に脅えるより、使命感をもって命あるかぎり生きる。すべての患者にそうあって欲しい、と思っています。

がんになると「太古の人間」に還る

がん宣告を受けたときのショックは余人には想像できないものでしょう。当人はもちろん、家族もそれまで味わったことがないショックにみまわれます。茫然自失となったり、涙を流したり、ということも少なくありません。

心が真っ白になるのも、涙を流したいだけ流すのも、自然な感情の発露ですから、それはそれでいいのです。無理して冷静に受けとめようとする必要はありません。

少し時間が経つと、家族の気持ちは徐々に同情、憐れみへと変わってきます。もちろん、それも大切。同情は相手に心を寄せることですし、憐れみは相手の立場になることで生まれてくるものだからです。

接し方もそれまでとは変わってがん患者に対するものになってくる。

しかし、それを相手がこちらの思いどおりに受けとってくれるかどうかはわからないのです。

そこで、

「こんなにしてあげてるのに、どうしていうことを聞いてくれないの!?」

ということにもなるわけです。ときには腹が立って患者に怒りをぶつけてしまうことがあるかもしれない。怒りを覚えるのは、どこかで相手にそれまでと同じ「分別」を求めているからでしょう。

「あんなにものわかりがよかったあなたが、どうしてそうわがままばかりいうのよ」

「朗らかだったきみが、なぜ、そんなにイライラするんだ」

しかし、患者はものわかりがよくなれなくて当然、朗らかにふるまえなくて無理なし、ではありませんか。

がんになったら誰もが「太古の人間」に還るのです。合理的にものを考えることも、分別をわきまえることも、できなくて不思議はない、といっていいでしょう。

あなたはそういう人と向き合っているのです。そのことを忘れないでいましょう。

不安がやわらぐ考え方

がんの患者にとって、もっとも気になることは自分が抱えているがんであることはいうまでもありません。つまり、優先順位のトップにそれがあるわけです。そのことが悩みを深め、不安をふくらませてもいる。

がん哲学外来では、その優先順位を下げる発想をもつことをすすめています。**優先順位が少しでも下がれば、悩みや不安も少しは和らぎます。**

がん哲学外来メディカル・カフェを主催しているがん患者の女性は、そのことについてこんなふうにいっています。

「〝病気の優先順位を下げる〟という発想に感銘を受けました。病気の不安や心配を、自分の頭のなかから完全に消すということは、たぶん不可能だと思ったんですけれど、いつも病気に対する不安がいっぱいなのではなくて、そのことをちょっと横に置けるようになったら、ラクじゃないかなって……」

〝横に置く〟ために彼女がとった方法は、自分の視点を遠くに向けること、そして、自分を別の何かで埋めることでした。視点を遠くに向けるとは、外に関心をもつということでしょう。それがカフェに参加することでした。

また、カフェでほかの患者や家族の話を聞くこと、患者や家族のために自分を使う（自分で何ごとかをする）ことが、彼女にとっては自分を別の何かで埋めることにつながったのだと思います。

この患者がたどったプロセスは、がんの優先順位を下げるための基本のメソッドだという気がします。

がんに集中していた関心を外の世界に向け、他人のためになることに取り組んでいく。

すべてのがん患者、そして、家族にも試みて欲しいメソッドです。

「支える」と「寄り添う」

わたしが育ったところは無医村でした。幼い頃熱を出すと、母親がわたしを背負って、隣村の医師のもとに連れて行ってくれました。放っておけばただならぬ容態になるかもしれない。ここは背負ってでも一刻も早く医師に診てもらわなければ……。それが母親の気持ちだったと思います。

これが「支える」ということだと思います。がんを告知されたショックから気持ちがすっかり萎え、治療を受ける意欲もなくしてしまった。そんな患者がいます。そのとき、手遅れにならないために、強引に手を引っ張ってでも治療を受けさせる。それも家族が患者を支えるということでしょう。

一方、「寄り添う」というかかわり方があります。

私が講演や、がん哲学外来などでそれを説明するのによくお見せする一枚の写真があります。柏木哲夫先生からお送りいただいたものですが、そこに写っているのは大きなゾウと小さな少女が、隣同士で並んで座っている後ろ姿です。

少女にゾウを支えることはできません。しかし、その写真のように寄り添うことはできます。

寄り添うその姿が醸し出しているのは、無限のほほえましさであり、癒やしです。

がん患者とかかわっていく家族には、支えることと寄り添うことが求められます。臨機応変に両者を切り替えていくことが大切なのです。いつも力こぶを入れて支える姿勢でいたら、患者の息も詰まりますし、家族も疲れてしまいます。

少女のようにちょこんとそばに寄り添っていることで、患者が癒やされることは少なくないのです。

力を込めて支えるべきときなのか、それとも、力を抜いて寄り添うべきときなのか。そのことを考えながら、患者とかかわっていきましょう。

歯を食いしばって、悲壮感を出さず

がん患者はとても敏感です。健康なときには気づかなかったようなことも、感覚鋭く察知します。かいがいしくお世話をしていても、心のなかに「看病が長く続いて、なんだか疲れたなぁ」「一時でも解放されたいな」といった思いがあると、顔つき（風貌）からその心を読みとるのです。

もちろん、日々の看護、お世話のなかで疲労感や虚しさに襲われることもあるでしょうし、たとえ一日でも休みが欲しいと思うこともあるでしょうから、歯を食いしばってがんばるところがないと、患者と向き合っていくことはできないのだと思います。

しかし、そのがんばりが悲壮感となって顔つきに出てしまうと、患者はそれを読みとってさまざまな思いになるにちがいありません。

「看病が大変なんだな。自分ががんになんかなったばっかりに……」
「家族のみんなに迷惑をかけているだけのわたしなんか、生きている意味があるのかしら?」

病は気からといいますから、そんな気持ちの負担が患者にどう影響するかは、想像に難くありません。

歯を食いしばってがんばりながら、悲壮感を出さないでいる。それがどれほど大変なことであるかはわかっています。それでもなお、その努力をして欲しいのです。

患者の前に出るときには、深呼吸でもして気持ちを鎮める、鏡に自分の顔を映して「よし!」と気合いを入れる……など、それぞれが自分に合った方法を工夫してみませんか。

なにも無理して明るくふるまったり、つくり笑顔をしたりする必要はないのです。悩むときは患者と一緒に悩めばいいし、ともに涙を流すことがあったっていい。

それができるのは、患者に気持ちの負担をかけることなく、向き合っていればこそだと思います。

解決できなくても解消はできる

　がんの患者はどのくらいの時間、自分のがんについて考えるのでしょう。もちろん、個人差はあると思いますが、かなりの時間をそのことに費やしているのではないでしょうか。

「考えないようにしましょう」といったところで無理なのはわかっています。なかには、一瞬たりともがんのことが頭から離れない、という人もいるかもしれません。

　しかし、考えたらどうなるでしょう。考えるほどに、不安は募り、怖れはふくらむのではありませんか。

　不安や怖れの源はがんですから、体内からすっかりがんが消えるまで、それらを払拭することはできません。つまり、不安や怖れに苛《さいな》まれているという、日常のやっかいな問題は「解決」されないのです。

しかし、解消することはできる。考える時間をできるだけ少なくするのです。そのためには、がん以外のことに自分の関心を向けるのがいい。

本が好きなら、夢中になれるミステリー本などを見つけたら、読んでいる間はがんのことが頭から離れるでしょう。

絵を描いたり、風景や家族の写真を撮ったり、好きな音楽を聴いたり、といった趣味的なことも〝がん離れ〟に有効かもしれません。なんでもいいのです。没頭できるものを見つけましょう。

一人では難しければ、家族と一緒に見つけたらどうでしょうか。夫婦で料理をつくるとか、子どもと一緒に犬の散歩をするとか、将棋をさすとか……。

いったん、がん以外のことに関心が向くと、次から次に関心をもてる対象が出てくるものです。がんのことを考える時間はどんどん減っていきます。

夫の冷たさ、妻の余計なお節介

夫婦のどちらか一方ががんになったというケースで、典型的に見られるのがこんなパターンです。

がんの妻は夫を冷たいと感じ、がんの夫は妻の余計なお節介に苛立つ。

妻にがんが見つかったら、夫はもちろん心配するでしょうし、妻に何かしてあげなければ、と考えるでしょう。しかし、それがうまく行動にあらわせないのです。

とりわけ、家事いっさいを妻にまかせていた夫の場合、それまでどおりにできなくなった妻に不満をもつようになります。妻に対する労《いたわ》りの気持ちはあるものの、その不満のほうがまさってしまい、冷たい態度をとってしまうわけです。

妻を気づかうときでも、「そんなに痛いのか?」「今日は体調が悪そうだな」といったぶっきらぼうなものいいをする。妻にしてみれば、それも冷たさと受けとって当然だといえます。

一方、がんの夫をもった妻は、「何かしなければ」という思いが先走ってしまい、四方八方に手を尽くすことになります。つまり、がんに効果的と喧伝されている民間療法や食事法、サプリメントの類いの情報をやたらに集め、夫にすすめたりするのです。

本来、優先すべきはがんになった当人である夫の考え方であり、気持ちのはずです。それをそっちのけで自分の気持ちで動くのは、余計なお節介としかいいようがないではありませんか。

配偶者ががんになったときは、夫婦関係の見直しが必要かもしれません。気づきさえあれば、冷たい夫も、余計なお節介の妻も、変わることができます。がん哲学外来には、同じような状況にあるという夫婦も、また、それを乗り越えてきたという夫婦も大勢きています。

気づくためのヒントはたくさんあるのです。家庭内で夫婦が対峙していては煮詰まってしまうばかり。外に一歩踏み出しましょう。

会話はあっても「対話」がない

がんの患者がいる家族に、欠けてしまいがちなものがあります。「対話」がそれです。そんなことはない。始終、言葉をかけているし、話はよくしている。おそらく、そう反論する人が多いでしょう。

患者を気づかい、元気づける言葉は、誰もがかけているのでしょう。しかし、それは「会話」ではあっても、対話になっているとはかぎらないのです。会話は言葉のやりとりですが、これが患者を傷つけてしまうことがあるのです。

言葉は相手を慰め、癒しもしますが、傷つけもします。まさに「両刃の剣」です。しかも、相手を気づかったつもりの言葉、元気づけようとしてかけた言葉が、逆に傷つけてしまうことも少なくはないのです。

わたしがいう対話とは心と心のやりとり、心の交流です。ですから、言葉があってもいいし、なくたっていいのです。

たとえば、リビングで患者にただ寄り添うだけ。三〇分間何も話さなくても、おたがいに苦痛を感じない。対話ができているとはそういうことです。

さあ、みなさんは対話ができている自信がありますか。

「そういえば、こちらは励ましたつもりなのに、なんだかうかない顔になってしまったことがあったなぁ」

わたしは学生たちに、「がん末期の患者のところに三〇分間いてみなさい」ということがあります。対話の訓練です。**はじめは何かしゃべらなくては、とあれこれ言葉を探すようですが、だんだん黙って寄り添うことができるようになってきます。**

また、患者や家族が集う場であるがん哲学外来の一環として開いている「メディカル・カフェ」では、患者やその家族が、お茶だけを飲んで三〇分でも一時間でも話をしないでいる、といった光景が見られます。

同じ空間にいて、患者が話そうが、話さないでいようが、苦痛にならない人に、家族であるあなたがなる。その訓練の場としてがん哲学外来がある、といっていいと思います。

夫婦の関係を新しくつくり直す

休日には一緒によく出かけていた。そんな〝仲睦まじい〟夫婦が、一方ががんになったことで変わってしまうことがあります。

おたがいに健康な間は、Jリーグ観戦や音楽のコンサートなどにそろって行っていたという夫婦も、関係ががん患者とそれを見守る立場というものになって、以前のように行動できなくなると、ギクシャクが生じることがあるのです。共通の趣味を楽しむという時間のなかに隠れていた、夫婦関係の在り様が露わになってくる、といっていいかもしれません。

多くの場合、その在り様とは「対話がない」というものではないでしょうか。

応援しているJリーガーの話をしたり、コンサートの感想を語り合ったり、ということはたくさんあったでしょう。しかし、そうしたことができなくなると、対話のなさが目立ってくる。

ここはそれまでの関係をリセットし、対話を主体にした夫婦関係を築いていくことが大切です。対話についてはすでに触れましたが、何も語らなくてもおたがいが苦痛を感じない関係になるための重要なキーワードがあります。

「(この人はわたしのために) 時間を犠牲にしてくれている、ということを相手に感じてもらう」

これです。元気だったときはおたがいのペースもあって、一緒に食事をすることがあまりなかった、ということであれば、できるかぎり一緒にするようにする。日常の買い物につきあったことがなかった、ということなら、「一緒に買い物に行こう」と声をかける……。

目に見えるかたちで〝時間を犠牲にしている〟ことを示すのです。連れだって買い物をする時間。対話の下地づくり、基礎づくり、そのものではありませんか。

「先読み」と「配慮」は違う

がん患者との日常生活は、あれこれ思い煩うことも多いでしょう。患者の体調も、よかったり、悪かったりする。

「このところ調子がいい日がつづいている。明日も、明後日もこの調子でいってくれたらいいのだけれど……」

先々の心配が頭をよぎります。

これでは気が休まる暇がなくなりますし、目の前のことに集中することもできなくなりませんか。

しかし、考えてみてください。患者がいちばん求めているのは何でしょう。その瞬間の自分の〝必要〟に応えてくれることではありませんか。

おなかが空いているときには食事を出してくれる、喉が渇いたら飲みものをもってきて

くれる。患者が望んでいるのは、そんなシンプルなことなのです。

こんな言葉があります。

「人は昨日にこだわり、明日を夢みて、今日を忘れる」

大事なのは今日なのです。もっといえば、そのとき、その瞬間です。過去のことも、将来のことも、考えたってどうしようもありません。過去は変えられませんし、将来はどうなるかわからないわけでしょう。

その瞬間に目の前にあるやるべきことをやっていく。そのことに全力を尽くす。それがいちばん大切です。やるべきこととは、つまり、患者が望んでいることです。

ただし、〝先読み〟はいけません。

「外の空気でも吸いにいく？（散歩に行く？）」

と相手の気持ちを忖度して、自分から動くのはダメ。

相手にその（散歩に出かけたいという）素振りが見えたら、さっと動く。何ごとにつけてもそうです。そう心がけていると、〝気配〟で望んでいることがわかるようになります。

配慮ができるとはそういうことです。

追いつめる「why」より「how」で向き合う

過去を悔やむことは人間にだけ起こる心的現象です。たとえば、仕事の失敗を悔やむ。そこから失敗の原因を分析、解明して、次の仕事では同じ轍を踏まないようにするということであれば、悔やむこと、反省することに意味はあるでしょう。

しかし、がんはそうではありません。がんになって、それまでの自分を悔い、「なぜ?」と原因を探したところで、たしかな原因は明確にはなりません。正常な細胞ががん化し、増殖していくメカニズムの全容は、いまだ解明されていないからです。

かりに、原因がはっきりしたとしても、過去に戻ってその原因を取り除くことはできません。喫煙習慣が原因だとわかったら、そんな習慣はなかったことにできますか。できっこないのです。

「なぜ(why)?」と問いたくなる気持ちはわかりますが、「なぜAさんはがんになった

のか」を問うても、われわれ人類には答がわからないのです。ましてや家族がそこにこだわるのは百害あって一利なしです。

「だから、あんなにタバコをやめてっていったでしょ。いうことを聞いてくれないから、こんなことに……」

そんなひとことは、がんの当事者である患者を責めることにしかならないことは明白です。

重要なのは「how（どうやって）」です。がんになったという現実を踏まえ、そこからどうやってがんと向き合っていくかを考える。howはいくつもあるでしょう。

・どんな治療法を選択するか
・仕事との折り合いはどうつけていくか
・家族がどんな看護態勢で患者とつきあっていくか

「why」は患者や家族を袋小路に追いつめるだけですが、「how」はやるべきこと、できることを指し示してくれます。それがはっきりしたら、行動がついてきます。

顔つきは一瞬にして変わる

みなさんは自分の顔に自信がありますか。
美醜のことをいっているのではありません。
顔立ちはもって生まれたものですから、変えようったって変えることはできません。しかし、風貌、顔つきは変えられます。

わたしは病理学の専門医ですが、わたしの考える病理学とは、患者の風貌を見て心まで読むことです。心が疲れているときは風貌にもその疲れがあらわれる、不安が渦巻いているときは風貌がそれを教えてくれる、怒っているとき、不満を抱えているとき……どんなときも風貌は心を映し出す鏡です。

風貌から心を読むと、そのときのその人には、どんな言葉を処方するのがいいのかがわかります。その言葉で一瞬にして風貌が変わります。変化は人によってマチマチですが、ひとついえるのは誰もが「いい顔つき」になるということ。これは例外なしです。

冒頭でいった「自信がありますか?」というのは、「いい顔つきをしていますか?」ということなのです。

患者はもちろんですが、見守る家族も、いい顔つきでいることが大切です。

ひとつの言葉が、それが心に響くものであれば、私たちの顔つきを変えます。

その意味からも、ぜひ、いい言葉に出会ってください。本を読むのもいいし、ネットで名言を検索するのもいいでしょう。もちろん、がん哲学外来にこられるのも大歓迎です。

心の琴線に触れる言葉はいい顔つきになるなによりの妙薬。ちなみに、わたしは新渡戸稲造、内村鑑三の著作を繰り返し、繰り返し、読んでいます。折々に、そこにちりばめられている珠玉の言葉で、いい顔つきになるトレーニングをしているのです。

患者も、家族も、いい顔つきでいたら、治療と看護の現場風景が驚くほど変わります。

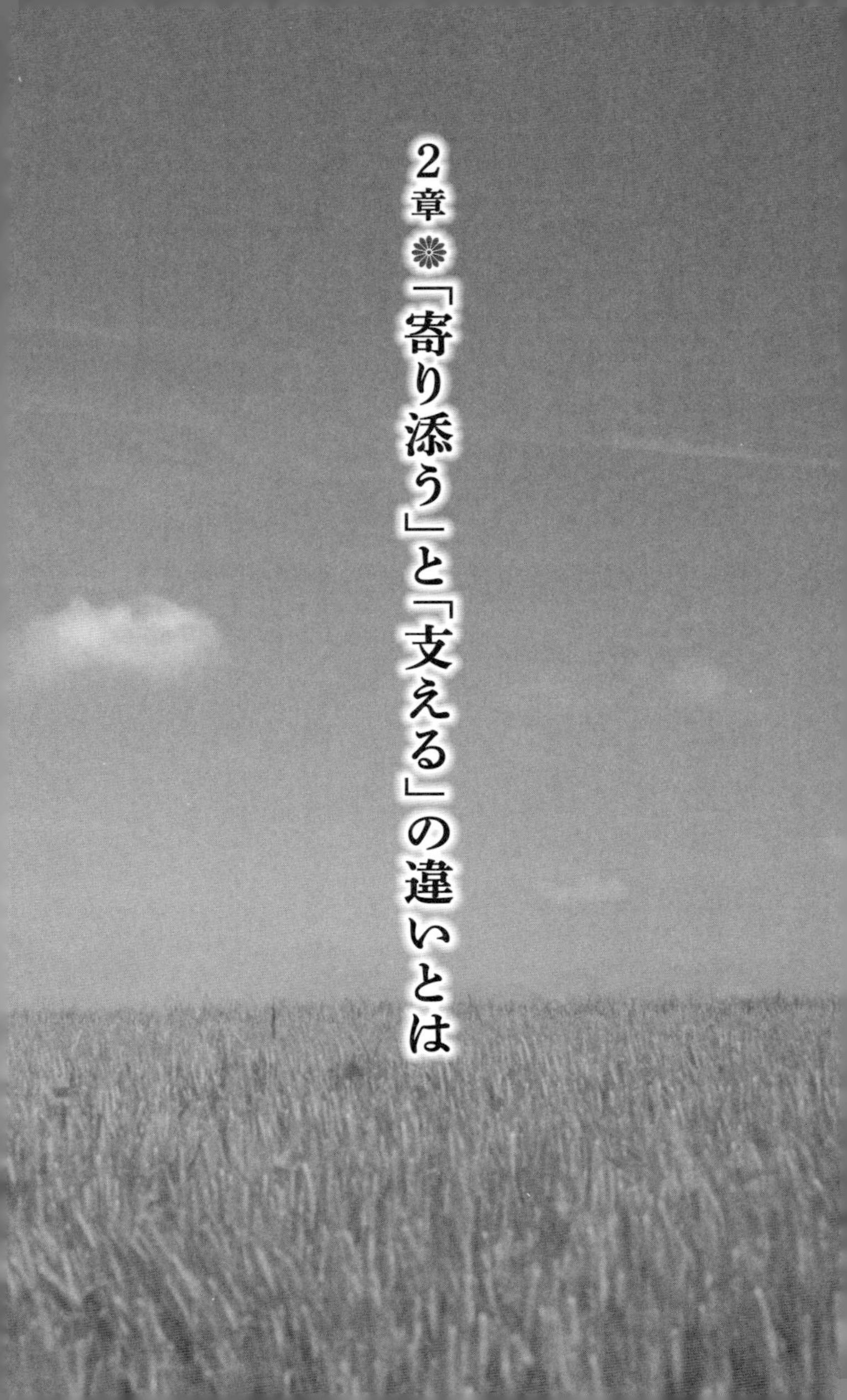

2章　「寄り添う」と「支える」の違いとは

自分の気持ちで接するのでなく「相手の必要に共感」する

家族ががんになったら、周囲は決意を固めるでしょう。

「よし、この人のためにできるかぎりのことをしよう!」

その思いは良いのですが、往々にしてそれが空回りすることがあるのです。


たとえば、こんなケース。

がんになった夫に妻は何ができるかを考えます。病気と闘うには体力をつけることがまずだいいち。少しでも栄養があるものを食べてもらおう。そして、心のこもった手づくり料理が食卓に並ぶことになります。しかし、夫は少し食べただけで箸を置いてしまいます。妻はひとことといわずにはいられません。

「ちゃんと食べてくれなきゃ困るわ。いまは栄養をとることが大事なの。さあ、残さず食べて……」

妻のいっていることは正論です。文句のつけようがない。しかし、それは妻の思いを優先した正論ではありませんか。つまり、あくまで自分の気持ちで夫に接しているのです。

考えて欲しいのは、それが夫の〝必要〟に共感したものであるかどうか、です。

もし、夫がこう思っているとしたら……。

「自分のためにしてくれていることはわかる。でも、食欲がないんだ。食べたいけれど、食べられないいんだよ。そこをわかってくれないかな」

この思いこそが、夫の〝必要〟、言葉を換えれば、そのとき望んでいることです。そこに共感できたら、対応はちがったものになるはずです。

「何か少しつくろうか？　食べたいものがあったらいって」

これなら夫が少量の滋養に富んだスープをよろこんで飲んでくれる、ということにもなるのではないでしょうか。

相手の〝必要〟を汲みとる、そこに共感する。がん患者との日々の暮らしのなかで、もっとも心がけて欲しいことです。

「to do」よりも「to be」が癒やしになる

わたしがもっとも敬愛する先達の一人が新渡戸稲造です。その新渡戸が病気で入院している患者を見舞う姿は一風変わったものでした。

何かを語るでもなく、寝ている患者のベッドの枕元で、ただ坐って本を読んでいる。患者は新渡戸の顔は見えなくても、そこにいることは見える状態です。それが患者にとって、もっとも好ましく、また、心地よい見舞いでもあったのです。なぜなら、それはともすれば負担になる「おせっかい」とはちがい、「あなたを最後まで見捨てない」というメッセージを相手に伝えるものだからです。

その人がいてくれる。何をしてくれるかではないのです。

新渡戸について、弟子であった南原繁《しげる》(戦後初の東京大学総長)はこう述べています。

「何かをなす(to do)前に、何かである(to be)ということを考えよ。それが先生のいちばん大事な考えであったと思います」

ただそばにいるという、その存在によって、患者を癒やし慰めた新渡戸は、対話の名手というにふさわしいのではないでしょうか。

がん患者のいる家族は、これもしてあげたい、あれもしなければ、と考えることでしょう。あるいは、なかなか労《いたわ》りの言葉がかけられなくて、そんな自分を責める人がいるかもしれない。

だったら、新渡戸流を実践してみてはどうでしょう。はじめは五分間も寄り添っていると、息苦しさを感じたり、いたたまれなくなったりするかもしれません。だからこその〝訓練〟です。

人間は順応性、適合性にすぐれています。**三日間その試練を経験すれば習慣になります。**それは患者についてもいえることです。枕元で本を読んでいるあなたの〝存在〟を苦痛ではなく、癒やしと感じるようになっているはずです。

何かをすることによる癒やしと何かであることによる癒やし。どちらが患者にとって心地よいか、答えは明白ではありませんか。

無理に話そうとしなくていい

がんの病状が進めば、患者の体力も衰え、気力もなくなってきます。風貌が大きく変わってくるかもしれません。家族は患者とのコミュニケーションがとりにくくなるでしょう。そんななかでも、なんとか励ましたい、やさしい言葉をかけたい、と思うのが家族の心情というものです。

しかし、患者はどうでしょうか。どんなに言葉を選んでも、そのときの身体の調子、気持ちの在り様によっては、煩わしいと感じることだってあるのではないでしょうか。

おしゃべりがしたければ、患者から何かいってくるはずです。そうでなかったら、こちらから無理に話そうとしなくていい。ただし、患者の顔が見える場所にいながら、話をしないでいると気詰まりになりますから、枕元の患者からは顔が見えない位置に座っているといいでしょう。
なにもじっと座っていなくたっていいのです。本を読んでいてもいいし、音が患者の邪魔にならなければテレビを観ていたっていい。仕事や自分の用事があれば、それをしていてもいいじゃないですか。

「何かして欲しいことがあったら、なんでもいってね。ここにちゃんといるから……」そばにいるだけで、きっと、患者にはそのことが伝わります。病室に流れるのは穏やかであったかい空気です。

患者に寄り添うということには、気持ちの負担をかけないということが含まれるのだと思います。患者の負担になる寄り添い方、煩わせる寄り添い方は〝封印〟です。

いちばん困っている人は誰かを間違えない

あらためていうまでもないことですが、がん患者がいる家族はショックを受けます。

実際、こんなふうに話す人もいます。

「夫ががんになって、つらい思いをしているのは家族です」

「がんになったのは妻ですが、困っているのは家族のほうなんです」

家族のつらさも、困惑もわかります。

しかし、いちばんつらいのは、いちばん困っているのは、誰なのか考えてください。それは家族ですか、それとも患者自身でしょうか。

優先順位をまちがえてはいけません。

家族がまず最初にしておくべきことは、患者がいちばんつらいのだ、患者がいちばん困っているのだ、という認識を共有することだと思います。

それができていると、配慮が生まれます。そのとき、その場にふさわしい対応ができる。残念ながら、それができていないことが多いのです。

患者ががんばっているときに、「がんばらなきゃね」という言葉が励みになるでしょうか。患者の心が死に対する不安でいっぱいになっているときに、「大丈夫、大丈夫」と語りかけたら、不安が解消されるでしょうか。

どちらも「ノー」でしょう。前者なら、「わたしもがんばるね」という言葉のほうが、後者では、黙っていつまででもそばに寄り添っていることが、そのとき、その場にふさわしい対応になるかもしれません。

いちばんつらいのは患者自身だと確認すると、そのとき、その場で自分は何をしたらよいのか、ということが見えてきます。役割がわかってくるのです。

「偉大なお節介」をする

お節介というと、「余計な」「いらぬ」といった形容詞がつくのが一般的です。されるほうにとってはありがた迷惑ということになるのでしょう。

しかし、お節介にも断然推奨したいものがあるのです。

「偉大なお節介」がそれです。がん哲学外来はその偉大なお節介の実践の場といえるかもしれません。

哲学外来のメディカル・カフェでは、がん患者がスタッフとして、他のがん患者のためにお茶やお菓子を出したり、相手の話にいつまでも耳を傾けたりしています。

偉大なお節介の唯一の〝ルール〟は相手の気持ちに寄り添い、相手が望むことをするということですが、がんを抱えているという状況を共有しているからでしょうか、相手の気持ち寄り添うことも、相手が望むことをするということも、自然のうちにできているという気がします。
ひとしきりカフェで時間をすごし、帰途につく患者たちの表情が明るくなっているのは、そのことを証明するものだといっていいでしょう。

家族の場合は、ともすると、よかれと思ってしたことが、押しつけになることがあります。「なんとか励まさなきゃ」「元気づけなければ」という思いが強すぎて、かえって患者の負担になってしまうのです。

自分の思いを優先させるのではなく、まず、相手の風貌をよく見てください。風貌はどんな言葉よりも雄弁です。

「いまは黙ってそばにいてくれるのがうれしい」
家族として暮らしてきた絆があるのですから、風貌から相手のそんな気持ちを読みとることはできるはずです。あとはただ、その気持ちに寄り添えばいい。
大丈夫、偉大なお節介は必ずできます。

人は「暇げな風貌」に心を開く

がん哲学外来の〝ある日の風景〟を紹介しましょう。

がん哲学外来でわたしが患者と（ときには家族も一緒に）すごす時間は約三〇～六〇分間です。はじめてやってくる患者は、たいがい、何から話したらいいかわからないという様子を見せます。しかし、わたしからすぐに話を促すようなことはしません。沈黙のまま、お茶を飲みながら三〇秒がすぎます。

こちらから矢継ぎ早に質問をすれば、患者はこう感じるでしょう。

「先生は忙しいから、次から次に質問をしてくるんだな。どう答えたらいいんだろう、焦るな。う～ん、うまく答えられない」

こちらが忙しそうにしていたら、患者は急《せ》かされている気持ちになります。これでは話したいことが出てくるわけがない。だから、わたしはいつも「暇げな風貌」でゆったりお茶を飲んでいます。ここが大事。

暇げな風貌は、「脇が甘い」、「隙だらけ」、「懐が深い」、といった印象を与えます。これが患者が話しやすくなる〝三点セット〟です。

しだいに、どの患者も、部屋に入ってきたときとはガラリと変わって和やかな表情になる。患者の話に耳を傾け、こちらも言葉を投げかけながら、「対話」は進んでいきます。

その間、わたしはその患者に処方するにふさわしい言葉を、脳の引き出しから探します。脳の引き出しには、若い頃からこれまでに読んで感銘を受けた言葉や、長年の医療者としての経験から学んだ言葉がつまっています。

処方した言葉を受けとって、部屋をあとにする患者は、スッキリとした表情になり、笑顔がのぞくこともあります。約六〇分のあいだ、わたしの暇げな風貌が変わることはありません。

家族に対しても患者が心を閉ざすことがあるかもしれません。そんなときは、迷わず「暇げな風貌」です。

ことさらに「愛」を起こすなかれ

二〇一一年三月の東日本大震災は、日本人のなかにボランティア精神が根づいていることを示すものでもありました。大勢の人たちが現地にボランティアで入った。そのことに水を差すつもりはありませんが、ボランティアに参加する人の動機は一様ではない気がするのです。

自分のためという人がいる。あまり品性のある表現とはいえないことを承知でいうのですが、ボランティアをしている自分に酔っている人のこと、困っている人のために力を注いでいる自分は偉いと感じている人のこと、です。

動機が不純とまではいいませんが、正義なき動機だと思います。

聖書にはこんな言葉があります。

「ゆり起こしたり、かき立てたりしないでください。愛が目ざめたいと思うときまでは」
（『旧約聖書』「雅歌」2章7節、3章5節、8章4節）

無理して困っている人への愛をかき立てるな、かき立てたところで、それは本物ではないから、長つづきはしないということです。実際、大震災の際も、ことさらに愛を起こしてボランティアに参加したものの、気持ちが折れて、すぐに帰ってきた人たちも少なくなかったようです。

がん患者とともに生きる家族も、この言葉を噛みしめる必要があるのではないでしょうか。「とにかく自分がやらねば。自分が看護しなければ……」。ことさらに愛を起こしています。力《りき》みかえっている。

どこかで気持ちが折れます。いまある愛で自然に患者に接したらいいのです。ことさら起こした愛は脆《もろ》いものですが、自然に起こる愛はたしかで、しなやかで、強靭です。そして、熟成もしていく。

その熟成度に合った接し方をしていけばいい。それが患者にとって、いちばん心地よい愛です。

言葉の処方箋には著作権も副作用もない

がん哲学外来で患者に処方するのは言葉です。わたしは、いわば、その処方箋担当者といったところ。もちろん、がんの種類、ステージ、受けている治療、患者の個性や心情といったものは、一人ひとりちがいますから、わたしは必死に脳内の引き出しを探り、その人にふさわしい言葉を探します。

医療では適時診断、的確治療といいますが、そのことを踏まえてはじめて、言葉は患者の心にスルリと入り、響きもするのです。わたしの脳内の引き出しにはたくさんの言葉がつまっています。

とはいっても、そこにある言葉はオリジナルではありません。敬愛してやまない内村鑑三、新渡戸稲造、南原繁、矢内原忠雄《やないはらただお》らが残した言葉を拝借して、わたしの言葉のように患者に伝えるだけです。

「それ、もしかして盗用？」という疑念はあたりません。どの言葉も真理をついたものです。**真理は普遍のもので著作権などないのです。人類の共有財産、誰でも使用可能の歴史に刻まれた知恵といっていいでしょう。**

心に響いた言葉は記憶されて、必要なときに取り出され、効果を発揮します。患者が不安になったとき、寂しさにとらわれたとき、気持ちが押し潰されそうなとき、ふっと思い出されて、その幾ばくかを緩和してくれる、つらさ、苦しさを少しやわらげてくれるのです。

しかも、副作用ゼロ。そのことは、わたしがこれまで処方箋を出した三〇〇〇人を超える患者たちが、実証してくれています。

手始めに本書で見つけた（真理の）言葉をみなさんの脳内の引き出しに入れたらいいかがでしょう。そして、これから出会う「いい言葉」をそこに加えていく。どのタイミングで、どんな言葉を処方するかについては、訓練が必要かもしれません。

まずはがん哲学外来に処方の現場を見にきませんか。習うより慣れよ。現場以上にすぐれた訓練の場はありません。

何をいったかではなく誰がいったか

がんの患者には、周囲が気遣い、心配りをして接するでしょう。ふだんは思ったことを単刀直入に発言してしまう人でも、言葉をかける相手ががん患者である場合には、慎重に言葉を選ぶものです。

「どんな言葉ならこの人を励ますことができるだろう？」

言葉に配慮することは大切です。しかし、もっと重要なことがあります。誰がその言葉をいったかです。

同じ言葉であっても、それをいう人が誰であるかで、患者の受けとめ方は大きくちがったものになるからです。

「今日は顔色がいいね」

自分のことを心から大切に思ってくれている、と患者が感じている人が、この言葉をいったら、励まされた気持ちになるでしょうし、素直に「ありがとう」の言葉が返ってくるはずです。

しかし、「この人は口先だけ」と患者が思っている人だったら、同じ言葉が心に響きもしないし、励みになることもないと思うのです。患者にはおためごかしにしか聞こえません。不愉快にすらなるかもしれません。

いかがですか、言葉を選ぶ前にすべきことが見えてきませんか。そう、自分の言葉を素直に受けとめてもらえるような関係を、相手（患者）との間に築くことがそれです。その前提がなければどんな言葉も虚しいだけです。

言葉を選ぶ際のポイントは「処方箋」を誤らないということです。病気を治す薬も処方箋を誤れば、治すどころか、かえって病状を悪化させることになります。言葉も同じです。その処方箋は、そのときどきの相手に適した、正しいものでなければいけません。

通り一遍の励まし、慰め、癒やし、労り……の言葉を使えばいいというものではないということは、深く心にとめておいてください。

感謝を伝える

日本人が総じて〝苦手〟なことがあります。率直に感謝を表現するというのがそれです。欧米ではレストランなどで料理が運ばれてきたら、誰もがサービス係に自然に〝Thank you〟の言葉をかけます。ところが、日本のレストランでは同じように「ありがとう」といっている人にはめったにお目にかかりません。

民族性ということもあるのだと思いますが、がん患者の家族は、きちんと感謝の気持ちを伝えておくべきでしょう。ためらいは悔いにつながります。

ただし、感謝されることで患者は自分の死期が近づいたことを察知することも考えられます。そのことで気持ちが動揺するかもしれない。ここは配慮が必要な場面でしょう。

配偶者でも子どもでも、患者からいってもらって、うれしかった言葉があるはずです。

あるいは、その姿に学んだこともあるでしょう。そうした思い出を患者の調子がよいときにさり気なく伝えるのです。

「わたしが受験に失敗したとき、おとうさんが『人生は長い。チャンスは何度でもあるよ』といってくれたのよね。あのときはうれしかったな。すごく励まされた。ありがとね。ねぇ、おとうさん、覚えてる？」

「四〇代の頃は忙しかったわね。毎晩、帰りが十二時近くになって。でも、あなたは、朝、必ず子どもたちと一緒に朝食をとってくれた。親としての在り方を教えられた気がしたわ。感謝、感謝ね」

伝えるタイミングや使う言葉はそれぞれで工夫してもらうしかありませんが、感謝されることで、患者は自分が家族のなかでかけがえのない存在なのだ、と感じることができます。

家族として、ぜひ、患者に処方して欲しいのが感謝の言葉です。

何かいいたくなったら、下を向いてお茶を飲む

がんの患者の心は揺れ動くものです。気持ちの振れ幅が大きいのです。

仕事のことが気になって苛立《いらだ》つこともあるでしょう。将来不安がつのって声を荒げることもあるでしょう。あるいは、死の恐怖に耐えきれず、家族に八つ当たりすることがあるかもしれない。

一生懸命にお世話をしている家族としては、

「そこまでいわれるなら、こちらにだっていいたいことがある」

という思いが湧いても不思議がない場面です。

しかし、反論したり、いい負かそうとしたりすれば、状況は悪くなるばかりです。患者は気持ちのやり場がなくて、そんなふるまいをしているわけですから。

聞くに堪えないから、その場からいなくなってしまう、というのもこのケースではいい対応とはいえません。どんなに理不尽な言動であっても、それを受けとめてあげることが大事なのです。

困った顔で下を向いて、お茶を飲む。

わたしがすすめている対応です。一〇分もいいたいことをいったら、患者の気持ちも鎮まってきます。自分がしていることは患者もわかっていますから、延々とつづくことはありません。

言葉で対応するなら、「そうだね」のひとこと。短い言葉ですが、そこに患者のすべて受けとめるという思いがこもります。

患者の言動に一喜一憂していたら、家族はどんどん消耗してしまいます。踏ん張ってでもドンとかまえる。

「一人くらい、いいたいことがいえる相手がいなきゃね。よし、その役目、わたしが引き受けよう」

そう、その心意気です。

患者の言葉には「無頓着に」「大胆に」

家族の歴史のなかにはさまざまなことがあります。よき思い出もあれば、そうでないものもあるでしょう。人生の終焉を迎えようとしている患者の胸中には、思い出が錯綜《さくそう》するのではないでしょうか。

それが言葉となって出ることもある。家族に対する感謝を語ることもあるでしょうし、楽しい思い出を口にすることもあるでしょう。

その一方で、心にしこりとして残っていた家族への苦い思いが語られるかもしれません。家族にいわれた言葉が、トゲのように心に刺さっている、といったことがあったりすると、ふっとそのことが口をついて出る。傷ついた言葉、やるせない思いになった言葉、許せないと思った言葉……。

そんな言葉のひとつやふたつは、どんな家族関係のなかにでもあるものです。しかし、いわれた家族としては、これは堪えます。

「あのときの言葉がそんなにつらい思いをさせていたのか!?」

「そんなつもりでいったんじゃないのに、ずっと心にわだかまっていたなんて!」

間もなく別れを告げなければならない相手の言葉ですから、いつまでも心に残って、その後の自分を苦しめることにもなりそうです。誤解であればといておきたい、(そんなつもりではなかったという)言葉の真意をわかってもらわなければ、という気持ちに駆り立てられるかもしれない。

しかし、たとえ理はこちらにあっても、よほどの場合でなければ弁解や反論はしないことです。

「そうだったの」

無頓着に、大胆に、そう受けとめておくのがいいのです。とにかく患者を受け容れる。受け容れられることで心は鎮まります。鎮まった心で、平穏な心で病気に向き合ってもらう。それ以上の家族の役割はないのですから……。

「犬の十戒」に学ぶ家族の心得

「犬の十戒」と題された文章があります。英文を和訳したものですが、まず、それを抜粋して紹介しましょう。

三、わたしを信頼して欲しい、それがわたしにとってあなたとともに生活できる幸せなのですから

四、あなたにはほかにやることがあって、楽しみがあって、友だちもいるかもしれない。でも、わたしにはあなたしかいないのです

五、ときどき話しかけて欲しい。言葉はわからなくても、あなたの声は十分わたしに届いています

八、わたしがいうことを聞かないだとか、頑固だとか、怠けているからといって叱る前に、

わたしが何かで苦しんでいないか気づいてください。もしかしたら、食事に問題があるかもしれないし、長い間日に照らされているかもしれない。それとも、もう身体が老いて、弱ってきているのかもしれません

九、わたしが年をとっても、わたしの世話はしてください。あなたもまた同じように年をとるのですから

一〇、最後のそのときまで一緒に側にいて欲しいのです。このようなことはいわないでください。「もう見てはいられない」「いたたまれない」などと。あなたが側にいてくれるから最後の日も安らかに逝けるのですから。忘れないでください。わたしは生涯あなたを一番愛しているのです

患者と家族の間にはさまざまなことが起こるでしょう。家族の心が騒いだり、波だったりすることもあるはずです。そんなときは、看護の原点に立ち戻る必要があります。その道標になる文章です。

本当にいいものはゴミのなかにある

わたしはがん患者に外に出ることをすすめます。街に一歩踏み出す。「いいもの」探しの小さな旅です。がんを抱えて家に閉じこもってばかりいては、いいものは見つかりません。

ここで、「いいものって何？」と疑問をもつ人がいるかもしれません。

がんの画期的な治療法、よく効くクスリ、気分転換がはかれる楽しいこと……。わたしがいういいものとはそうしたものではありません。まあ、経済的に余裕がある人は、それらを手に入れるのもいいでしょう。

しかし、ほんとうにいいものはお金では買えないのです。より正確にいえば、お金なんか必要ない、タダで手に入るものこそ、いいものなのです。少し荒っぽくいえば、ゴミのなかに（そこら中に）埋もれている、といっていいかもしれません。だから、誰だって手に入れることができる。

信じられませんか？　米国にはこんな諺《ことわざ》があります。

The best things in life are free.

人生のなかで最良のものはタダである、という意味です。一九五〇年代に上映された米国のミュージカル映画のタイトルにもなっている言葉ですが、わたしはこれが真実だと思っています。

その一例ががん哲学外来です。街に出て哲学外来に顔を出す。そこでわたしが言葉を処方します。その言葉で気持ちが少しでも明るくなったら、後ろ向きだった心がちょっと前を向いたら、いいものが手に入ったことになりませんか。

同じようにがんと闘っている人の笑顔に出会って、なんだか勇気が湧いてきたら、それはいいものが見つかったことにならないでしょうか。

哲学外来だけではありません。一緒に街に出た家族がさり気なく差し伸べてくれた手のぬくもりを感じる、電車で席を譲ってくれた見知らぬ人のやさしさに気づく、といったことも、いいもの発見です。

街に出ましょう。埋もれているいいものを掘り起こしましょう。

思いを日記に書く

がん患者と家族の間では、ちょっとした言葉の行きちがいから、関係が軋《きし》むことがあるかもしれません。おたがいが感情的になったら、心ない言葉を相手にぶつけることにもなる。

自分のなかにある率直な思いを口に出していうことは、できるようでいてなかなかに難しいことなのです。みなさんにも、含むところもなく、もちろん悪意もなくいった言葉が、思いもよらず相手を傷つけてしまった、といった体験があるはずです。

患者が思いのタケを吐き出す方法として、日記をつけるというのはどうでしょう。

患者には、家族に面倒をかけているという思いがあって、いいたくてもいえないことがあるのだと思います。

短くても、箇条書きのようなものでも、かたちは何でもいいのです。高級万年筆で書くということになると、「立派な文章を書かなければ……」とかまえてしまいそうですから、〝ちびた鉛筆〟で書くつもりで取り組むのがいい。

そして、日記は家族も見られるようにしておく。でないと家族が後悔することにもなりかねないからです。

「おとうさん、こんな気持ちでいたんだ。なぜ、わかってあげられなかったんだろう」

患者が綴った言葉は、家族も素直に受けとりやすいものです。よかれと思ってしていたことが、患者には負担になっていた、ということはよくあることです。日記で患者の思いを知ることができれば、直接いわれるよりも改めやすいのではないでしょうか。

また、ふだんはぶっきらぼうなものいいしかしない患者が、家族への感謝の思いを綴っていたら、疲れた身体も、へこんだ心も、いっぺんで「シャキッ」となるのではないでしょうか。いっそう心を込めてお世話ができます。

元気なときにはできなかったことをやればいい

あれもできない、これもできない。自分のがんを知った患者が陥りがちな思考がこれです。元気だったときにはできていたことが、いまはできなくなってしまったという、そのことが悩みにも苦しみにもなるわけです。

新渡戸稲造にこんな言葉があります。

「病床にも知恵あり」

病で臥《ふ》せっていたって、知恵を得て自分を高めることはいくらだってできる。わたしはそんな意味だと解釈しています。事実、新渡戸が著述を始めたきっかけは事故で入院したことでした。

（がんになったから）できないことを探すのではなく、（なったから）できることを見つ

けていきませんか。

たとえば、本を読むこと。元気で仕事に邁進していたときには、あるいは、忙しく家事に追われていたときには、じっくり本を読むなんてことができなかった、という人が多いのではないでしょうか。

元気なときにできなかった、そのことをやったらいいのです。もちろん、いい本を選ぶという前提つきですが、本は知恵の宝庫でもあり、生きるヒントも与えてくれます。勇気や忍耐、根気や度量、思いやりややさしさ……といったことを、本から学ぶことも少なくありません。

自分で読むのが大変であれば、朗読したもの（オーディオブックなど）を活用してもいい。プロのナレーターが聴き取りやすい声で、適度なスピードで朗読しています。

家族に朗読してもらってもいいじゃないですか。病床で家族が朗読してくれる声を聴く。心が安まる充実した「対話」の時間になりそうです。

そこから一歩進めて、家族が朗読した声を録音した音源をつくるのもいいのではないでしょうか。患者はイヤホンで好きなときにそれが聴けます。

できること、たくさんあります。

いま生きているのに、明日を思い煩ってはいけない

患者の最期のときが視野に入ってくる段階では、クスリで眠っていたり、意識がもうろうとしていたり、という状態がつづくかもしれません。家族が病室を訪れる頻度も増えるでしょう。

そこでこんな話になることがある。

「ところで、葬儀はどうする？　金額はどのくらいを考えておいたらいいのかしら？」

「おとうさんの預金通帳とか、不動産関係の書類とかはどこにあるんだろう。銀行の貸金庫でも借りているのかな」

ここまで露骨ではないにしても、患者が亡くなったあとのことを話題にするわけです。患者の状態では何も耳に入らない、と思ってすることでしょう。

しかし、眠っているように見えても、意識が薄れている様子であっても、患者には聞こえています。

葬儀の準備は大変だし、財産分与には煩雑な手続きが必要だから、手をつけるのは早いほうがいい、と考えるのでしょう。しかし、そのあまりの周到さ、性急さを患者がどう聞くかを想像してみてください。

いま、患者は生きているのです。見つめるべきはその命です。それ以外にはありません。亡くなったあとのことは、亡くなってから思い煩えばいいのです。生きている患者のためにしてあげられることは、もう、なにひとつとして「ない」とでもいうのでしょうか。

家族間の〝不穏な空気〟も患者には感じさせるべきではありません。中心になって患者のお世話をしてきた人にとって、あまり顔を出さなかった、きょうだいの配偶者などは、ひとこといいたい存在かもしれません。しかし、それも患者を送ったあとです。

いまやるべきことは、いましかできないのです。

モールで知る多様性と個性と

患者が体力、気力があるうちは、ぜひ、一緒に外出してください。

おすすめスポットはモール（ショッピングモール）です。いまは大きな規模のモールがどの地域にもあります。モールのよさは平らでフロア面積が広く、移動がラクなことです。そこにはあらゆるものがあります。食料品、日用品、家電製品、ファッションアイテム、文房具……。もちろん、レストランやイートインもありますから、食事をして一日すごすことができます。

バリエーションに富んだ品ぞろえは多様性の象徴です。自分が欲しいと思うものもあれば、欲しくないものもある。好みのものもあれば、あまり好きではないものもあるでしょう。しかし、どれもがモールを成り立たせるうえで必要なものです。

そこを訪れている人たちも千差万別。老若男女が行き交っています。微笑ましいお年寄りの夫婦もいれば、若いカップルもいる。元気に走りまわる子どももいますし、大きな泣き声を立てている赤ちゃんもいます。なかには身体が不自由で車椅子に乗っている人だっているかもしれません。

多様なもの、多様な人びとがいて、しかも、その一つひとつ、一人ひとりは個性的(ほかとはちがう)。それがモールの在り様です。これ、世の中と同じだと思いませんか。モールは世の中の在り様を教えてくれるのです。

休憩用の椅子にでも腰掛けて、しばらくモール内の様子を見ていると、走りまわっているることがその子の個性であるように、がんであることも自分の個性なのだ、と思えてくるのではないでしょうか。

家族も同様。がん患者が身近にいるということもまた、自分に与えられた個性なのです。

そう、がん患者も家族も、とんでもない目に遭った特別な存在なんかではなく、そういう個性を引き受けている存在なのです。そのことに気づいたら、その人生、ずっとラクになりませんか。

〝三〇メートル後ろからの視線〟の力

わたしが生まれ育ったのは島根県の田舎です。六〇％は空き家という人のいない村でした。

子どもの頃、わたしは夕方になると海に行って、一人で石投げをしていました。するると、老人たちがどこからともなく夕涼みにやってきます。そして、石投げをしているわたしの背中を見ているのです。その距離は三〇メートルほど。それ以上近寄ってくることも、離れていくこともないのです。

しかし、わたしはお年寄りたちの視線を感じていました。そっと見守ってくれている視線といったらいいでしょうか。自分は関心をもたれている。わたしはいつもそう思っていました。

それ以上距離が近づけば、「今日も石投げをしているのか？」などと声をかけたくなるでしょう。わたしは煩わしさを感じたかもしれません。三〇メートルの距離が絶妙なのです。

振り返ってみると、その経験ががん哲学外来の原点だと思います。

「あなたに関心をもっていますよ」ということに気づいてもらう。たった一人であっても、関心をもってくれる人がいると、人は自分の存在を認めることができます。勇気が出てくる。がんばろうと思える。

哲学外来はがん患者に、その家族に、「ここに関心をもっている存在がいる」ということに気づいてもらうためにある、といってもいいでしょう。

家族間でもこの視線は大切です。夫の看病で疲れている妻。その子どもたちは「お母さん、元気出して」「がんばって」などとありきたりの言葉をかけるより、三〇メートル後方から背中を見守るような視線でいることが大事です。それが寄り添うことだといっていいでしょう。

すると、妻（母親）自身のなかに力が生まれてきます。あなたの家族にとっての「三〇メートル後方」とは具体的にどういうかかわり方か、ぜひ考えてみてください。

「三分間」人をほめちぎれるようになる

わたしたちにとって、案外難しいのが人を「ほめる」ことではないでしょうか。人をほめると自分を下位に置くことになるという気持ちがあるのでしょう。あるいは、観察力、批判精神をもっていない人間と思われたくないという心理も働いているかもしれません。

わたしは学生の面接官をつとめることがあります。その際よくするのがこんな質問です。「あなたのご両親のどちらでもいいですから、そのよいところを三分間で聞かせてください」

たかが三分間と思うかもしれませんが、実際これをやってみると、想像以上に長いのです。はじめは父親や母親のよいところが次々にあがりますが、三分間はもちません。どこかで、「でも（しかし）〜」というふうに話が転じる。

最後までほめちぎることができないのです。短所や欠点がない人はいませんから、その部分にも触れておかないと、観察力がない、能天気な変わった人と思われやしないか、と考えるのだと思います。

わたしは「でも（しかし）〜」を封印して最後までほめちぎることに重きをおきます。それができる人間はすばらしいと思うのです。短所や欠点を見ていないはずはありません。しかし、それをあえて口にしないということは、短所、欠点を含めて相手を認めていることだからです。

がん患者の家族にも求められる姿勢だと思います。

患者を心のなかで三分間ほめちぎってみてください。頑固、わがまま、身勝手、怒りっぽい……といった「でも（しかし）」につづく言葉は封じて、とにかくほめる。するど、患者をそれまでより深く受け容れることができます。

看護のつらさがずっと軽減されます。

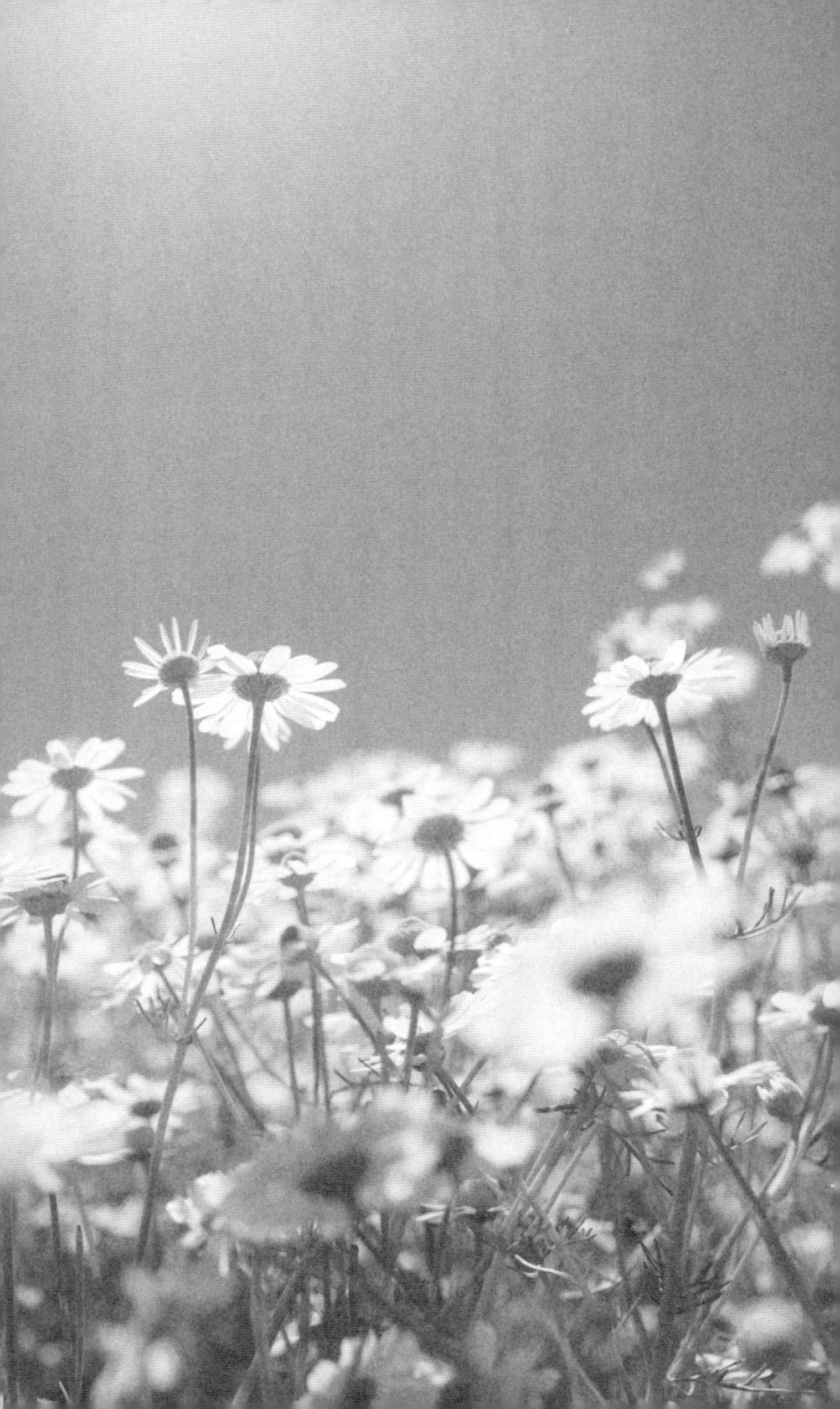

3章 ❋ 純度の高い医者を見極める

プロの医師の判定法

がんの治療では患者と主治医である医師との信頼関係が重要になってきます。患者は信頼できる医師だから治療を委ねられるのですし、医師も患者から信頼されているという自覚があるからその信頼に応えるべく、できるかぎりの手を尽くせるわけです。

信頼に足る医師が基本的に備えていなければならない要件は、プロフェッショナルであるということです。医学部を出て国家試験に合格したからといって、プロであるとはかぎりません。

残念ながら、到底プロとはいえない医師も少なからずいる、というのが個人的な印象です。

わたしは、以下の条件「プロの為《な》さざること五か条」を満たしている人たちがプロだと思いますが、いかがでしょうか。

一、プロは人をその弱気に乗じて苦しめず
二、プロは人に悪意を帰せず
三、プロは人の劣情に訴えてことをなさず
四、プロは友人の秘密を公にせず
五、プロは人と利を争わず

これはあらゆるジャンルに通じることで、医師もプロであったら、この五条件を満たしているはずです。患者と医師というかかわりから、このすべてを判定することは難しいと思いますが、いくつかはヒントになるのではないでしょうか。

たとえば、患者という弱い立場に乗じて上から目線で接する。ちょっとした言葉やふるまいに心の冷たさがのぞく。別の病院や医師の批判を口にする……。そんなところが見てとれたら、プロの医師にあらず、と見てまずまちがいありません。

医師をチェックするこの五条件、頭の隅に入れておきましょう。

わからないことをわからないと語るには「愛」しかない

がん告知を受けた人は一度や二度は、「なぜ、自分ががんに?!」と考えるようです。

最近は何人もの医師を受診し、いくつもの病院を訪ねる、いわゆる「セカンドオピニオン・ショッピング（ドクター・ショッピング）」をする患者が増えていますが、なんとかその答えを得たいという気持ちも、そうせざるを得ない要因になっているのではないでしょうか。

しかし、その「なぜ」に対する正解はありません。医師はそれぞれ自分の見解を伝えるでしょう。そのどれもまちがってはいないのですが、絶対的なものではないのです（もっとも、がんには標準治療というものが定められていますから、大学病院やがん拠点病院で示される治療法には大きなちがいはありません）。

わたしは、わからないことはわからない、と答えるのがいいと思っています。

「それじゃあ、患者としては納得できない。家族だってそう」

そう考える人が少なくないかもしれません。ただ、「わかりませんね」というのでは納得できなくても無理はありません。

納得感の要は「愛」です。愛をもって、わからないことはわからない、と答える。

別のいい方をすれば、患者や家族が、

「この人は心の底から自分のことを思ってくれている」

と感じていれば、納得感が生まれるのです。

患者と家族の間でもシビアな部分に触れる話題が出ることもあるでしょう。

「わたしはいつまで生きられるのかしら？」

そこで、「大丈夫」といったって患者にはその場をとりつくろう言葉にしか聞こえません。

そんなときこそ、愛で語る「わからない」です。

「わからないな。でも、最後まで一緒にやっていこう」

患者の心に火を灯す言葉です。

医師にはふたつの使命がある

がんの患者や家族から、治療を受けている医師について、こんな〝評〟をよく聞きます。

「主治医の先生が冷たいんです」

「なんだか、怖い先生で……」

はっきりいいましょう。〝冷たい〟〝怖い〟ということと、医師の技術、レベルとはまったく関係がないのです。


医師にはふたつの使命があります。診断・治療をすること、そして、人間的な責任で患者に手を差し伸べること、です。このうち診断治療にあたっては感情を込めない。自分のもっている知識と技術のありったけを駆使することにつとめる。それが医師の基本的な在り様です。

ですから、冷たい、怖いと感じる医師が、すぐれた知識と技術を有している、いわゆる「いい先生」である、ということはけっして珍しいことではありません。

極論すれば、物腰やわらか、人当たりよし、という要素は診断治療には必要ない、といってていいでしょう。

もちろん、もうひとつの使命も医師ははたすべきです。しかし、こちらはお寒い状況というのが実情。医師に対話力が欠如していることに加えて、日進月歩の医療の世界には知識の面でも、技術の面でも、学ぶべきこと、身につけなければならないことが多く、充分に患者に手を差し伸べている時間がないのです。

もちろん、腕がよく、あったかくて、やさしい医師がいないわけではありませんが、正直、かなりの少数派であることは否めません。そうした現状のなかで、ふたつめの使命を担っていく。それもがん哲学外来の目標のひとつです。

医師も情報も「純度」で見分ける

藁《わら》にもすがる思い。がんの患者も家族も、そのなかで治療と向き合っているのではないでしょうか。その思いは、いい医師に診てもらいたい、有益な情報を得たい、というところにつながるのでしょう。

ただし、患者側が医師の力量をみきわめることは、一般的にはなかなかできるものではありませんし、インターネットや本などで発信されているあふれんばかりの情報も玉石混《こん》淆《こう》。その真贋《しんがん》を見分けるのも難しいといえます。

見分ける際の手がかりは「純度」にあり。わたしはそう考えています。

医師の純度が高いか、情報の純度はどうか。

医療はきわめて専門性の高い分野です。純度の高い医師の条件は専門性にすぐれていること。つまり、その時点での最前線の知識と技術に精通していることです。研究論文を読んだり、症例を研究したり、とそのためにすべきことはいくらでもあります。それをきちんとしているか。純度の判定材料はそのあたりにあるのですが、患者側には知るすべがありません。

できることをひとつあげるとすれば、セカンドオピニオンに対する考え方でしょう。

セカンドオピニオンを受けたいと申し出たとき、純度の高い医師は快く検査データを提出してくれます。その背景にあるのは、自分の診断についての自信です。

一方、純度の低い医師はセカンドオピニオンに対して消極的というか、その申し出に〝いい顔〟をしません。これは自信のなさのあらわれ。この両者の対応のちがいは、一定の判定材料になると思います。

情報については、あくまで私見ですが、純度の高いものはほとんどないと思っていたほうがいいでしょう。あれもこれも試してみたい、という気持ちはわからないではありませんが、情報集めに走ると際限がなくなります。

治療の基盤は主治医との二人三脚。決めた主治医を信頼し、「まかせる」という姿勢で臨めば、主治医はその思いに応えてくれるものです。

曖昧なことは曖昧なままにしておく

患者に医師が告知する余命は確率論にすぎないという話はしました。そこに確実性はないということ、数値は曖昧だということです。ですから、患者に、

「先生、余命一年と宣告されました。これからどうしていったらいいのでしょうか？」

そんなふうに聞かれたら、わたしはこう答えます。

「余命は確実なものではありませんから、そこで命が尽きるかどうかなんて、いくら考えてもわかりません。そのくらい曖昧なものなんです。曖昧なことは曖昧なままにしておきませんか。それよりも、いまできる確実なことをしっかりやっていきましょうよ。そのことが大事だと思います」

科学は白黒をはっきりつけるものだという印象があるかもしれません。

しかし、曖昧なことは勝手に断定せず、わからないことには「わからない」と答えるの

が誠実です。

医師であるわたしも科学の世界に身を置く人間ですから、答えは必然的にこうなるのです。

曖昧なことはいくら考えたって、結論は出ませんから、堂々めぐりを繰り返すことになります。

「一年で死んでしまうのか、いや、もっと生きられるのか」

思いはその間を行き来するだけです。確実にできることはほかにたくさんあるのに、もったいないじゃありませんか。患者と家族が和やかに食事をする、可能なら一緒に旅に出かけて思い出をつくる、親しい友人を招いておしゃべりをする……。

生きている間はそんな時間をもつことができますし、そこに生きている実感もあるのではないでしょうか。

もしかしたら、それは、がんにならなければ、がん患者のそばにいなければ、もてない時間かもしれません。大事にすべき時間でしょう。

隙間を埋める「第三者」の力

がんの種類や進行度合い、そしてなにより患者の状態や希望によりますが、入院する人もいれば、在宅で治療をつづける人もいます。入院のメリットは患者と家族のほかに、医師や看護師という「第三者」がいることでしょう。

とくに看護師の役割は大きいと思います。患者は医師にもっとじっくり話して欲しい、時間をとって向き合って欲しい、と思っています。しかし、日本の現在の医療制度ではそれがなかなかできない。

さらに、**その原因の一端は医師に対話力がないことにもあります。**医療の教育課程には対話力をつけるカリキュラムがありませんし、研修医時代もそれを身につける環境がないのが実情です。

患者の思いと現実の医療との間には隙間があるのです。すぐれた看護師は、その隙間を

埋めてくれます。日常の看護のなかで患者の気持ちを解きほぐしたり、医師に代わって思いを聞いたり……。そうしたことで、隙間は埋まっていきます。

在宅でも妻ががんになって夫が看護にあたる（あるいはその逆の）ケースでは、マンツーマンで向き合うことになるわけですから、どこかに気持ちのすれ違い、隙間が生じることもありそうです。たとえば、夫の接し方が冷たいと妻が感じることがあるかもしれない。そんなときも、**第三者の存在が大きな意味をもってきます。**

「ご主人、仕事をしながらだから大変だと思いますよ。でも、ほんとうにあなたのことを気づかっていますよ。わたしには、頑張っているのがよくわかります」

第三者がそんなフォローをしたら、妻の受けとめ方もずいぶんちがったものになる、と思うのです。

冷たい家族、親族に悩んでいる患者は少なくありません。患者が求めているのは〝あたたかさ〟です。「冷たい家族や親族より、あたたかい他人にそばにいてほしい」と本音を語る患者も多くいます。

周囲にあたたかい第三者がいる。それはとても大切なことです。もちろん、家族、親族がその提供者であるのが望ましいと思いますが……。

4章 ❁ がんと共存して生きる

心配は心のなかでそっとする

心配のタネが格段に増える。それが、がん患者と周囲にもたらされる大きな変化でしょう。

患者のお世話はこれでいいのか、なにかいいがんの情報はないか、いまの治療法は適切なのか、万が一のときはどうすれば?……。次から次に心配が押し寄せてきます。その結果、インターネットでがん情報を集める、治療法をあれこれ検索する、といったことで一日がすぎてしまう。

「やるだけのことをやって、あとのことは心のなかでそっと心配しておけばよい。どうせなるようにしかならない」

これは勝海舟の言葉です。心配事にいちいち手をつけていたら、身体がいくつあっても足りませんし、どれもが中途半端になります。人ができることはひとつか、せいぜいふたつくらいのものです。

そのできることを全力でやる。たとえば、全身全霊を尽くして患者のお世話をすればいいのです。もちろん、それでほかの心配が消えるわけではありませんから、それらについての心配は、心のなかでそっとしたらいい。

海舟がいう「どうせなるようにしかならない」というのは逆にいえば、「必ず、どうにかはなる」ということです。

さあ、心配事に振りまわされますか、できることに打ち込みますか。

答えはおのずから明らかでしょう。

無邪気に喜び、小さなことに大きな愛を込める

患者もその家族も、自分の無力さを感じることがあるかもしれません。
「がんの自分にできることなんか何もない」
「がんで苦しんでいる夫に何をしてあげればよいかわからない」

人はどんな状況にあっても、無力なんてことはありません。できることが必ずある。

わたしはがん哲学外来をたった一人で始めました。それがそのときのわたしができることだったからです。

小さな一歩でした。そのとき心がけていたことがあります。

その小さなことに大きな愛を込める、めいっぱいの情熱を注ぐ。そして、無邪気によろ

こんでやる、というのがそれです。

中途半端な愛（情熱）ではダメです。思惑含みで悲壮感を漂わせてはいけないのです。

どんなことでも、無邪気によろこび、大きな愛を込めてやっていると、誰かが関心をもってくれます。その人のことが気になるのです。

がん患者も、家族もそうです。患者は無邪気によろこんで、家族のお世話を受ければいいし、家族は愛をいっぱい込めてお世話をすればいいのです。そこに、おたがいが関心をもつ関係が成立します。

すると、同じお世話でも事務的なそれとは天と地ほどもちがってきます。心が通ったものになるのです。患者からは自然に「ありがとう」の言葉が出るようになるでしょうし、家族も心からの笑顔を患者に向けられるようになる。

いま、がん哲学外来は全国的な広がりを見せています。患者と家族でいえば、絆がどんどん深まっていくでしょう。ともにがんと向き合っていく態勢は万全です。

人生は「最後の五年」で決まる

晩節を汚す。それまでの人生では高い評価を受けてきた人が、人生の晩年になってその評価にあるまじきふるまいをして、人生そのものを台なしにしてしまう、という意味です。

わたしも同感です。人生は晩年が大事。最後の五年間をどう生きるかによって決まる、と思うのです。汚しもするし、輝かせもする。

ただし、人間は自分の寿命が分からない、気づけない生物です。どんな人も、一〇〇歳の人だって「あと二〇年は生きる」と思っているのが人間なのです。だから最後の五年といったって、どこから五年で自分の命が尽きるかはわかりません。

思いたったときからでいいのです。二〇代でも、三〇代でも、あるいは六〇代、七〇代でも、「五年後に死んでもいい生き方をしよう」と考えたときから、腹を括《くく》って生きる。

自分の生きざまが残していく人たちへのプレゼントになるように生きていく、といったらいいかもしれません。

相続というと、現在では土地や財産を遺族に受け継がせるという意味で使われていますが、本来の相続とは、自分の生きざまを見せる、それを伝えるということだったのです。誤解を生じる表現かもしれませんが、がん患者は腹を括りやすいといえるのではないでしょうか。ある意味で死を見据えて生きているからです。実際、余命宣告を受けながら、希望をもちつづけている患者がいます、他人を思いやり、他人のために何かをしている患者がいる。

その人生がどこで終わるにしても、家族や周囲で患者に寄り添っていた人たちはすばらしいプレゼントを残してくれたと感じるはずです。どこから最後の五年が始まってもいい生き方をしているからです。

どこが最後の五年の始点になるかはわからないのです。だからこそ、どこからそれが始まってもいい生き方が大事です。

大切なことは大切、どうでもいいことはどうでもいい

ものごとには優先順位があります。行動するうえでは、それを見きわめていくことが大切ですが、日本人は欧米人に比べてその感性が劣っているようです。大切なこととどうでもいいことを、うまく仕分けられないのです。

そして、両者をごっちゃにして、結局、どうでもいいことに振りまわされることになったりするわけです。

たとえば、家族ががんになったことを親戚や親しい人に伝えたほうがいいのか、伝えないほうがいいのかで悩む人がいます。

「ああ、どうしよう。伝えて心配をかけるのも申し訳ないし。かといって、伝えないでいて、どこかから聞いたりしたら、気分を害するかもしれないし……。考えていたら、何も手につかなくなってしまう」

たしかに、周囲にがん患者のことを知らせるか知らせないかは、悩みどころではあるでしょう。しかし、それは大切なことですか。わたしはどうでもいいことだと思うのです。少なくとも、優先順位の上位ではない。

大切なことはほかにあるはずです。患者の意向を尊重しながら、治療を受けるうえでの家族それぞれの役割について話し合う、患者を見守っていく家族としての心がまえを固める。必要なら、経済面の手当をする……。

どうでもいいことを思い悩んでいる時間はありません。

こんな言葉があります。

「着眼大局、着手小局」

まず、大局に立って全体を見渡すことです。そうすることで、大切なことの優先順位が見えてきます。その上位のことから、漏れなく、抜かりなく、本気で、着実に手がけていくことです。

大切なこととどうでもいいことを、はっきり仕分ける。家族が心得ておくべき大事な姿勢でしょう。

森を見て木の皮まで見る

木を見て森を見ない。よく知られた諺《ことわざ》です。その意味は、細部ばかりに気をとられて、全体を見ないということです。

がんを告知された患者には、この傾向があるような気がします。

日々の体調の変化や受ける治療、その副作用のことなど、目先のことで頭がいっぱいになるのです。そして、治療効果があるとよろこび、副作用が出ると不安になる、というふうに何かにつけて一喜一憂する。そんな患者の心の揺れは家族にも伝わり、一喜一憂に同調することにもなるのではないでしょうか。

別の視点をもつことが必要です。上空から俯瞰する視点、自分を客観的に見る視点がそれです。

木を見ているときの視野は、クルマの運転席からのそれです。道路がその先どうカーブしているのか、どこに上り坂や下り坂があるのかはわからない。すなわち、森が見えないわけです。しかし、運転席から離れ、自分を上空において眺めてみると、遠くまでの道路状況（森の全体像）が見えます。

木を見ることがいけないといっているのではありません。それどころか、見るときは木の皮まで見たほうがいい。たとえば、治療の内容や副作用については、自分が納得できるまでとことん説明を受ける。それが木の皮まで見るということでしょう。

しかし、その一方で俯瞰する視点、つまり、治療を受ける自分と看護をする家族が、この先どのような関係をつくっていくか、家族の負担が大きくなったら、どの時点で、どのようなサポートを頼むか、といったことを長期展望で見通す視点も、同時にもつことが必要だと思います。

森を見て木の皮まで見る。そのときどきで視点を切り替えることによって、些事に一喜一憂することなく、落ち着いて、また、家族ともうまく連携して、治療にあたっていけるのだと思います。

自分を「見つめない」のもいい

生きるうえで大切なこと。それは自分を「見つめる」ことだとよくいわれます。自分から目をそらさず、しっかり見つめていけば、生き方を誤らない、ということなのでしょう。

そのことに異を唱えるつもりはありません。しかし、ときには「見つめない」ことも必要なのではないか、と思うのです。自分ががんであることを知らされた人の思いは、内に内に向かいます。

四六時中、がんのことを考えている、一時もがんのことが頭を離れない、という状態になるのです。見つめるということでいえば、とことん自分を見つめるわけです。もちろん、それで解決する問題もあるでしょう。

人生の岐路で選択を迫られたとき、深く自分を見つめることで、いくべき道がはっきりする、といったケースがそれにあたるかもしれません。

しかし、がんになったということは種類が別の問題です。見つめれば見つめるほど、つらくなったり、苦しくなったり、悩みが深まったりするところがあるのではないでしょうか。

だったら、見つめない。目を転じるのがいい。

自分以外のことに関心を向けてみるのです。その対象は家族でもいいし、ペットでもいい。あるいは、音楽や本、もっと視野を広げて社会でもいいのです。

そのことでがんであるという問題が解決するわけではありません。しかし、自分から目を離している間は、つらさ、苦しさ、悩みから、少しだけ離れることができます。

患者にとっても家族にとっても、長期戦になるがん闘病では、ふっと息を抜く〝踊り場〟が必要です。

自分を「見つめない」時間をもちましょう。

今日、いまを一生懸命に

命あるものが生まれた瞬間に携えてくるものがあります。「死の約束手形」です。この手形は必ず決済しなければなりません。しかし、その時期は誰にもわかりません。健康だからといって、死は遠い先のことだとはいえませんし、がんで余命を告知されたとしても、実際の死ははるか先のことかもしれないのです。たしかなことは、「どうせ人は死ぬ」ということだけです。

死ぬとき、人は何ひとつもっていくことはできません。現世的な富も、名誉も、地位も、肩書きも……何もかもおいて旅立つことになります。すべて手放して、どうせ人は死ぬのです。

だとすれば、そうしたものにこだわるのはつまらないこと、さして意味のないことだと思えてきませんか。さらにいえば、いつまでも生きたい、と生にしがみつくことにも意味がないことに気づくのではないでしょうか。しがみついていたら生が延びるということなどないからです。

どうせ死ぬということを受け容れたら、ものへの執着も、生への執着も、なくなります。それはけっして、いい加減に生きるということではありませんし、捨て鉢になることともちがいます。

生に執着するということは、明日も生きたい、明後日も生きたい、と考えることでしょう。

一方、執着がないというのは、〝そのとき〟がいつ訪れるかわからないのだから、それは天におまかせして、生がある今日、いまを一生懸命やるだけ、という姿勢で生きることだと思います。

それが、どうせ死ぬ人間としてできる精いっぱいです。そのことは健康であろうと、がん患者であろうと、その家族であろうと、少しも変わるところはないのです。

クオリティ・オブ・デス(QOD)を高める

クオリティ・オブ・ライフ（QOL）ということは、ずいぶん以前からいわれています。「生活の質」「人生の質」のことです。これに対応するのがクオリティ・オブ・デス（QOD)、つまり「死の質」ですが、こちらはまだまだ広く浸透していないというのが実情でしょう。

どのように死を迎えるかは万人共通の課題ですが、やはり、がん患者や家族にとってはより切実なものになるのだと思います。

最上級のクオリティ・オブ・デス、みごとな死の迎え方をした人として、すぐに思い浮かぶ人が三人います。以下がその臨終の言葉です。

「これでよい」（イマヌエル・カント＝ドイツの哲学者）

「これでおしまい」（勝海舟）
「もう逝きます」（内村鑑三の娘）

生への執着も、現世への未練もなく、恬淡《てんたん》として死を迎えたことが、どの言葉からもうかがわれます。内村鑑三の娘は一七年の人生でした。内村はクリスチャンでしたから、その影響は娘にもおよんでいたのでしょう。言葉は心安らかに「神の御許（天国）にいく」という宗教的ニュアンスを感じさせます。

勝とカントの言葉はどこかユーモラスだと思いませんか。死の直前は人生のうちでもいちばん深刻な状況でしょう。そんな状況にいる自分をユーモラスに語れる。わたしはそこにクオリティ・オブ・デスの真骨頂があるような気がしています。

がんは患者にとっても、家族にとっても、深刻に受けとめざるを得ないものでしょう。対話も深刻なものになりがちかもしれません。しかし、そんななかでもユーモラスに語る努力はできるはずです。

ぜひ、それを実践してください。そして、少しずつユーモラスな対話を増やしていってください。それがクオリティ・オブ・デスを高めることに直結します。

「天寿をまっとうする」とはどういうことか

がんと天寿。相反する言葉だと思う人がほとんどでしょう。がんになったら、天寿をまっとうするなど望むべくもない、というのが一般的な考え方だからです。

ある一人の老人の話をしましょう。

その人は九五歳で亡くなったのですが、死の間際まで元気に暮らしていました。体調の異変といったら、亡くなる四カ月前から急に食欲がなくなったことくらい。死はその直後に訪れました。穏やかな死でした。誰もが「天寿をまっとうした、老衰であり、大往生だ」と思ったわけです。

ところが、本人の意向（献体希望）もあって私の癌研時代の病理学の恩師が解剖したところ、胃に大きながんがあることがわかりました。死は老衰ではなく、がんによるものだったのです。このように死後の解剖でがんが見つかるケースを、このケース以降、「天寿がん」と呼ぶようになったのです。

もっとも、診療技術、検査技術が進んでいる現在では、死後解剖までがんがわからないことは希。本来の意味での天寿がんは減っています。

しかし、がんが見つかっても適切な治療を受けることによって、平均寿命以上まで生きられることはあります。それも、がんと共存して天寿をまっとうすることではないかと思うのです。

もっといえば、そもそも天寿をまっとうするとはどういうことなのでしょう。八〇歳を過ぎるまで生きれば天寿をまっとうしたことになるのでしょうか、九〇歳過ぎなら天寿まっとうですか……。

わたしは生きている期間ではないと思っています。天から与えられた命の使命に気づき、それをはたしきって死ぬ。ほんとうに天寿をまっとうするとは、そういうことでしょう。

五〇歳、六〇歳で亡くなっても、いや、それ以下の年齢で逝っても、家族や周囲の人たちが、「あの人と家族でいてよかった」「あの人との出会いがすばらしいものをもたらしてくれた」と感じるのであったら、その死はまぎれもなく、天寿をまっとうした死です。

「がんと共存する」とは

がんはかつて不治の病とされていました。発症したら治癒は望めないというのが、がんに対する考え方だったのです。

しかし、いまは研究も治療法やクスリの開発もめざましく進み、五年生存率も約六五％を超える時代です。がんも治る病気に加わってきている、といっていいでしょう。

治せるがんは全力を傾けて治すのがいい。しかし、何度も再発を繰り返したり、他の臓器に転移したり、というケースもあります。

わたしはそうした治しようがないがんをよく「不良息子」に喩《たと》えます。

わが家に不良息子がいたらやっかいなことは事実です。更生させようと努力もするでしょうし、対峙してねじ伏せようとすることもあるでしょう。しかし、それでも解決しなかったら?

親子の縁はなかったことにはできません。だから、ここは共存するしかありません。存在は認める。それが共存です。がんもなかったことにはできませんし、〝更生〟することも期待できないなら、わが体内にがんあり、とただそのことだけを認めるのです。

似た言葉に共生がありますが、これは文字どおり、ともに生きることですから、共存とはちがいます。いわゆる「give & take(ギブ・アンド・テイク)」、もちつもたれつの関係が共生です。

「けっして望んだわけではないが、できてしまったがん細胞なんだから、いることは認めてやるよ」

たとえ、相容れないものでも認めるのが共存です。認めてしまえば、がんであることをいたずらに怖れたり、むやみに抗《あらが》ったりすることがなくなります。自然体で生きていけるといってもいいでしょう。

患者ががんと共存していたら、家族も肩の力がスッと抜けます。こちらも自然体で見守り、お世話をすることができるのです。

最後まで外に関心をもつ

がん患者の最大の関心事は、やはり、みずからの死ということでしょう。死を意識するとそこから離れられなくなる。不安や怖れはもちろんあるでしょうし、もどかしさ、歯がゆさにも襲われるのだと思います。

そんな患者にわたしは次の言葉を伝えます。

「明日死ぬとしても、今日の花に水をあげなさい」

これは、宗教改革を中心となって進めたドイツの神学者、マルティン・ルターがいったとされる**「もし明日世界が終わるとしても、わたしは今日リンゴの木を植えるだろう」**にならったものです。

明日死ぬことがわかっている人にとって、今日花に水をあげることは、意味のないことだと思いますか。その水によって花が生きつづけ、新たな花を咲かせるとしても、自分はそれを見届けることはできません。

しかし、水をあげるというその行為に託した思い（心）は、新たに咲く花によって、さらにはそれを「美しい」と愛でる人たちによって、受け継がれていくのです。

言葉を換えれば、**死という自分の内側のことにだけ、とらわれているのではなく、外側に目を向ける、他者（リンゴの木、花）に関心をもつことで、死後も尊いもの（リンゴの果実、新たに咲く花）を残すことができる、といってもいいでしょう。**

「治らなかったら……」ということを考えるあまり、家族や周囲の人たちへの関心を失わないでほしい。できる精いっぱいの思いをその人たちに向けてほしい。家族も周囲の人たちも、そのことをけっして忘れることはないからです。

患者も、いまは元気な家族も、かけがえのない存在として、いつまでも心に残りつづける。私はそう思っています。それが、自分の人生をプレゼントとして、あとに遺していくことだと思います。

命は自分のものではない

自分ががんとわかって「死」を思わない人はいないでしょう。死を思うことは「命」について考えることでもあると思います。

ここで少し命についてお話ししましょう。わたしたち一人ひとりがもっている命は、自分自身が努力を重ねてつくりあげたものではありません。

はじめから備わっている。天が与えてくれたからです。

与えられた側はむしろ、預かりものという感覚でいるのがいいかもしれません。預かったものは自分の勝手に扱うわけにはいきませんし、ましてや自分の都合で捨てることなどできません。

蔑《ないがし》ろにしたり、投げ出したりせず、いつも大事にして、来たるべきときが来たら、返さなければいけないのです。がんであろうと、それを見守る立場であろうと、そのことは変わりません。

自分の命が天から与えられたように、他人の命も天から与えられたものですから、わが命を慈しむように、他人様の命も慈しまなければなりません。

命を慈しむとは、そのとき、そのときの命をまっとうすること、すなわち、精いっぱい全力を尽くして生きることではないでしょうか。

他人に対してもできる精いっぱいのことをしていく。健康であるときは健康な命を、がんになったら、がんになったその命を、がんの人に寄り添うときには、その寄り添う命を、まっとうしていく。

それが与えられた命にふさわしい〝預かり方〟だと思います。

そうしていれば、がん患者と家族とがほどよい距離感でいられる。息苦しさや苦痛を感じないでかかわっていられるのだと思います。

楕円の発想で生きる

人間をはじめ生物の身体には相反する作用が備わっています。代表的なのが交感神経と副交感神経でしょう。前者が活動を促すはたらきをしている一方で、後者は活動を抑制する作用を受けもっています。

がんについていえば、細胞内にはがん遺伝子とがん抑制遺伝子があり、両者がバランスをとりながら細胞のがん化を抑えているのです。

相反するものが共存している。これは価値を一元化せず、どちらの価値も認めているということです。

内村鑑三は、

「真理は円形にあらず、楕円形《だえん》である」

といっていますが、中心点（価値）がひとつしかない円ではなく、定点（価値）がふたつある楕円が真理である、すなわち、正しい存在の在り様だということでしょう。
自分ががんになった。円で考える人は「健康であることがいいことである」というひとつの価値に縛られますから、がんになった自分を受け容れることができず、悩みもするでしょうし、自分がもはや何もできない、なんの価値もない人間だ、というふうに思い込んだりもするのです。

これに対して楕円の発想ができる人は、健康がいいことであるという価値観と同時に、がんになったことも受け容れていこう、その自分を認めようという、もうひとつの価値観で、自分の現状を捉えることができます。

言葉を換えれば、円発想では、健康でなくなったことにこだわり、右往左往するのに対して、楕円の発想なら、がんである自分がどう生きていくか、という方向に人生の舵を切ることができるのです。

がんはひとつの個性です。ありがたくない個性ではありますが、それが加わったのだから、その自分でしっかり生きていく。患者にも、また、家族にもそんな楕円の発想をして欲しい、と思っています。

相手の〝必要〟に全力で共感した人はプレゼントに気づける

がん患者を送った遺族のなかには、いつまでもこんな思いを引きずっている人が少なくありません。

「あのときああしてあげておけばよかった」

「もっとやってあげられること、できることがあったはずだ」

後悔の念です。もちろん、誰にも「全力」を尽くしてきたとの思いがあるはずですが、問題はそれが〝相手がそれを必要としているかをしっかり察知してのもの〟であったかどうか。後悔を引きずるのは、そうでなかった場合ではないでしょうか。

いちばん大事なのは相手に、

「この人（妻、夫、子ども……）は自分のことをほんとうに想っている」

「どんなことがあっても見捨てるようなことは、絶対にない」
という心が伝わることです。それが毎日病院に足を運ぶことでも、一緒に散歩をすることでも、かたちはどうでもいいのです。その心が伝わることが、すなわち相手の必要に共感して、全力を尽くすことだ、とわたしは考えています。

亡くなった当初は、深い悲しみ、喪失感、失意といったものに打ちひしがれるでしょう。しかし、相手の必要に共感するようにサポートしてきた人は、一年もたつと、「ああ、あの人は自分にプレゼントを遺してくれたんだな。あの時間がわたしにとって、あの人からのプレゼントになっているんだな」

と感じられるようになる。

「精神的にも肉体的にもとてもつらかったけど、いつも絆を感じていられる時間だったな」

「あんなに気むずかしかった人が、最期はよく笑顔を見せてくれた」

心にたしかに残っているそんな思い出。すばらしいプレゼントではありませんか。プレゼントがその人のいない人生を生きていくエネルギーにもなる。それぞれのかたちでかまわない、できる精いっぱいでいい、全力を尽くしましょう。

思いは語らないほうがいい

がんであった家族を送ったあと一年くらいは気持ちの整理がつかないものです。悲しみはまだ癒えないでしょうし、外に出て活動する気力もおこらない。故人を思い出してつらくなる、ということもあるでしょう。

しかし、「嵐が吹いても凪《なぎ》が来る」です。

悲しみの嵐、失意の嵐がいつまでも吹きつづけることはありません。時間の経過とともに、やがて平穏な心が戻ってきます。そして、故人の思い出とも向き合えるようになります。そうした時間には故人がまざまざと甦ってくるかもしれません。

「あの人はわたしの心にちゃんと生きている」

そんな感慨にも包まれるでしょう。それは故人が残してくれたプレゼントです。親しい友人や知人と会ったときなどに、語ってみたくなるプレゼント。

しかしそれは、そっと自分の心で思っているのがいい。わたしはそう考えています。

故人が心のなかで生きている、というのは自分の感覚ですし、それをうれしいと思うのは自分の感情です。他人には推しはかるすべがないのです。もちろん、悪気があって語るのではないし、自慢話のつもりもないでしょう。

しかし、推しはかることができない感覚や感情を語られても、相手はどう対応していいかわからないと思うのです。わたしも、せいぜい「すごいですね」「いいですね」という受けとめ方しかできません。

話が延々とつづけば、「もう、その話はちょっと……」ということにだって、なりかねないのではないでしょうか。相手から「ご主人が亡くなっておつらいでしょう?」と問われたときに、「心のなかで生きています」と答えるくらいが、弁《わきま》えのある対応だという気がします。

かけがえのないプレゼントは、そっと心で思っているのがいいのです。

悲しみに甘えない

愛する人、ともに暮らしてきた人を失う悲しみは、他のどんなことよりもつらい、といっていいでしょう。

しかし、厳しいことをいうようですが、いつまでも悲しみの世界に沈んでいてはいけません。

ずっと悲しみを引きずっていることは、亡くなった家族のためだけに人生を費やしていること。少し厳しいいい方になりますが、それは「悲しみに甘えている」ことなのです。

いつまでも悲しみのなかで生きていると、周囲といい人間関係が結べません。つらい、つらい、悲しい、悲しい、とばかりいっている人に対して、周囲は「それは大変ですね」というしかないではありませんか。そこから距離が縮まらないのです。

実際、悲しみがいつまでも癒えないと訴える人には、対人関係がうまくいかない、友人がいない、という人が多いのです。

遺された人にはやるべきことがあります。故人が自分に遺してくれたプレゼント。それを受けとったという経験を、今度はほかの人にプレゼントする。自分の経験をほかの人のために活かすことがそれです。

遺された人にはそれができるかどうかが問われています。きっかけ、出会いが必要です。わたしの経験からいえば、概して女性のほうがきっかけづくりにも、出会いを求めることにも、積極的だという気がします。男性は閉じこもって一人になりがちなのです。

がん哲学外来でもその傾向が見られます。女性は来ることをためらいませんし、何回か来ているうちに、そこに集う人たちとの出会いによって、自分が何をしたらいいかを見つけます。たとえば、スタッフとしてお茶を淹《い》れる係になり、自分の経験を語るようにもなるのです。

悲しみから立ち直り、経験を活かしている姿、自分の役割をはたしている姿、がそこにあります。

無理してでも「ありがとう」を伝える

がん患者に精いっぱい寄り添い、最後まで見捨てずに送った家族であっても、〝心残り〟を口にすることがあります。

患者ががんと闘ってくれたこと、自分がそばで全力を尽くしたことには一点の疑念も後悔もないが、患者から「ありがとう」の言葉がついに聞けなかった、というケースがそれです。

夫婦関係でいえば、夫にとって、妻に「ありがとう」ということは、かなり敷居が高いことのようです。気持ちはあっても、照れなのか、いわずもがな、と思っているからなのか、このわずか五文字が伝えられない。

しかし、「ありがとう」には無類のパワーがあるのです。感謝の言葉をかけられて傷つく人はいませんし、怒る人もいません。悲しくなる人も、落ち込む人もいないのです。誰もが気持ちが安らぎます。うれしくなります。元気をもらえます。がんばる気力が出てきます……。

これほどポジティブでプラス効果が高く、副作用がない言葉は、そうそうあるものではありません。無理してでも処方すべきです。

また、「ありがとう」といっている自分を想像してみてください。怒った顔でそれがいえますか。苛立《いらだ》ちを浮かべた表情でいえますか。眉間《みけん》に皺《しわ》を刻んでいえるでしょうか。そう、「ありがとう」をいうとき、人は穏やかでやさしい顔になるのです。

素直に「ありがとう」といえる患者と家族の関係は、まちがいなく良好です。少々のギクシャクがあっても、「ありがとう」をいうことで、ギクシャクはほどけて、関係は好転します。

こんなにパワフルな言葉を宝のもち腐れにしてしまったら、もったいないではありませんか。

小学生から「がん教育」をする時代に

現在、日本にはがんの患者が約五三〇万人います。人口が約一億三〇〇〇万人ですから、その四%にあたります。この数字をどう見るかは見解が分かれるところかもしれません。しかし、はっきりいえることは、誰もがその四%に入る可能性があるということです。早い時期から、わたしは小学生からと思っていますが、がん教育をすべきです。ほとんどの患者ががんになってからがんを知ろうとするから、あたふた、右往左往するのです。**がんに対する〝哲学的〟な知識をもっていれば、すぐにも自分のがんと向き合っていけます。**

わたしは自分が籍を置いている順天堂大学がある文京区の小学校、中学校でがんの授業をしていますし、小中高生を対象に講演もおこなっています。文京区には小学校が二〇校あるのですが、その校長先生全員を招いてがんのセミナーもやりました。また、大学にきてもらった高校生に、病理医ががん細胞の顕微鏡写真を見せるということも毎年やっています。

そんななかで、**愛知県名古屋市では三人の中学生ががん哲学外来メディカル・カフェを立ち上げました。**一人は本人ががん、二人はおかあさんががん患者です。活動のひとつの成果だと思っています。

カフェでおこなっているのはがんへの哲学的なアプローチです。といっても、難しいことをしているわけではありません。年齢、性別にかかわりなく、人間としてがんをどう受け容れ、どのように向き合っていくか。いかにして自分らしく生きるか……。そうしたことを、お茶を飲みながら、さまざまな人との「対話」を通して見つけていく。哲学的アプローチとはそういうことです。

それが、いまもっとも必要な「がん教育」だと思っています。

5章 ❁ がん哲学外来とカフェの力

がん哲学外来は空っぽの器

がん患者やその家族、あるいはがんが気になる人たちが、いつでも、気軽に集える場所をつくる。そのコンセプトのもと、がん哲学外来を開設してから二〇一八年で一〇年になります。

がん哲学外来という言葉をはじめて耳にした人は、たいてい「いったい何をするところですか?」と小首を傾げます。説明するとすれば、「何をしてもいいところです」ということになるでしょうか。

患者同士が悩みを語り合うのもいい、家族同士が息抜きのおしゃべりをするのもいい、患者が医療関係者に相談事をもちかけるのもいい……。もっといえば、何もしないでのんびりとお茶を飲んでいたって、ぜんぜんかまわない。

それががん哲学外来（その後に立ち上がったメディカル・カフェも同様）です。わたしは「空っぽの器」だと考えています。はじめから何かが入っているわけではありませんから、そこにきた人は何を入れてもいいのです。

日頃なかなか口にできない思いのタケ、近頃考えていること、うれしかったこと、つらかったこと、不安、不満、笑顔、涙……。

空っぽでも頑丈な器ですから、どんなものを入れても、底が抜けるなんてことはありません。さまざまな人びとが出会い、いろいろなものが出会うその空間は、気持ちを少しラクにしたり、癒やしたり、ちょっと勇気をくれたり、何かを発見したり、何かがわかってきたりする場所。

最近ではがん患者たちのミュージカルチームが生まれ、公演にまでこぎ着けましたし、患者や家族によるクルーズの旅も実現しました。不思議なエネルギーが横溢《おういつ》しています。

まだ、「？・？・？」の思いかもしれませんね。百聞は一見にしかず。一度、体験しにきませんか。

メディカル・カフェ、めざせ七千カ所

順天堂大学医学部附属順天堂医院で、がん哲学外来を開設してから一〇年。この間、たった一人で始めた試みが、わたし自身が驚くほどの広がりを見せています。哲学外来から発展したメディカル・カフェも全国規模でその数を増やしています。

そうした経緯のなかで、わたしが実感しているのは、「良い」と思うことは、とにかく始める、一歩踏み出すことが大切だということです。**準備万端整えてからなどと考えていると、結局、机上の空論で終わってしまうことになるのです。**

一歩踏み出すと、必ず、気にしてくれる人があらわれます。

そのなかから、必ず、共感し、参加してくれる人が出てきます。メディカル・カフェは、

まさしくその流れで今日にいたっています。

めざすところは人口一万五千人に対して一カ所のカフェです。人口は約一億三千万人ですから、トータルで全国に七千カ所。それが適正規模だと考えています。

がん患者や家族、がんが気になる人、がんについて知りたい人たちが、自転車や徒歩でくることができる、ということを踏まえると、その数が必要なのです。現在は大学病院も、総合病院も、一定期間しか入院することができません。

がん患者の看護の主体は家族です。その負担は想像以上に大きいものです。カフェは、そこに集ってくる人たちが、おたがいに看護の一端を担い合うものだといっていいかもしれません。

おしゃべりをする、お茶を飲む、旅をする、イベントをする……。家族だけではできなくても、カフェという集団ならできることがいくつもあります。家族の負担の軽減にも直結する。カフェの広がりは、患者、家族、地域の人びとを巻き込んだかたちで、がんを取り巻く環境を大きく変える、とわたしは思っています。

「つらい」がんとのつきあいが、「いい」がんとのつきあいになるはずです。

がん哲学外来メディカル・カフェに病人はいない

がん哲学外来メディカル・カフェは、がんであっても病人ではない人たちが集う場所といっていいと思います。

ある地方都市にあるメディカル・カフェを主催しているのは、がん患者の男性です。がんの告知を受け、手術をしたのですが、その後転移が見つかり、現在も治療をつづけている、というのが彼の病歴。いちばんショックを受けたのは再発を知らされたときだったといいます。

「三年間は泣いて暮らしました。家から外に出られず、ひどく落ち込みました」

そんな切々たる言葉に同感の思いをもつ患者も、少なくないのではないでしょうか。このときまでは病人として生きていた、といっていいかもしれません。

変わるきっかけは、わたしの講演を聴いてくださったこと。それから何度もカフェに通うようになり、地元にがん哲学外来が開設された折、その運営を担いたいと声をあげられたのです。

「身体のなかにがんはあるのですが、頭のなかで病気に対する悩みが占める割合が下がっていって、いまはがん哲学外来にかかわっていられることに、とても生きがいを感じています」

そう語る彼に病人の印象はまったくありません。初めてカフェに来た人は、彼が患者だと聞くととても驚きます。話しているうちになぜか人を明るくリラックスした気持ちにさせる、職場にいたら人気者になるような人です。がんであることを引き受けて、自分の人生をしっかり生きておられる。現在ではわたしの講演会で講師役をつとめ、自身の体験を話してくれたりもしています。

がん哲学外来が施すのは医療ではなく、患者、家族に対する人間学です。

土台となって人生をドンと支えるのが、その人間学だと思っています。

「マイナス×マイナス＝プラス」の法則

仕事にも家庭生活にも真面目に取り組んできたのにがんになった。患者がまず思うのは不条理かもしれません。それは家族も同じでしょう。

不条理感は気持ちを内向きに、ネガティブにします。

ネガティブなものの見方、考え方はスパイラルに下降しますから、どんどん深みにはまって、なかなかそこから抜け出せなくなります。家に閉じこもって人とかかわりをもたなくなる、どんなことにも関心がもてなくなる、といった状態がその典型といっていいでしょう。

そんな状態を脱するヒントが数式にあります。

「マイナス×マイナス＝プラス」

ネガティブな考えにとらわれているときは、ポジティブな人とかかわってそのプラスのエネルギーをもらうのがいいような気がします。

しかし、マイナス×プラスはマイナスです。つまり、そのかかわりはポジティブな人をネガティブ方向に引っぱることになるのです。元気溌剌としていた人が、落ち込んでいる人と一緒にいると、その元気もエネルギーもしぼんでしまう、というケースがはるかに多いのです。

ネガティブな人同士がかかわると、そのマイナスの気分が増幅される、と思われるかもしれませんが、じつは逆。先の数式のように、心はポジティブに転じるのです。

がん哲学外来（カフェ）を訪れる患者は、当初、少なからず「自分ほどの不幸を背負っている人間はいない」という思いになっています。しかし、哲学外来ではもっと厳しい状況にいる患者に接します。マイナスとマイナスの出会いです。すると、その人のために自分でも何かできるのではないか、という気持ちが湧き上がってくるのです。

自分の役割にめざめるといっていいでしょう。役割に気づいたら、それをはたそうという意欲が生まれる。意欲が宿った心がポジティブなものであることは、いうまでもありませんね。

ダブルメジャーで生きがいを見出す

一意専心。心をひとつのことに集中するという意味です。仕事なら、ひたすらそれに打ち込む。かつてはそれが望ましい生き方とされてきました。

しかし、時代は変わりました。

仕事以外に自分を投入できるものをもつ。いまはそういう生き方がいい、とわたしは思っています。いわゆるダブルメジャーです。仕事で衣食住をまかない、もうひとつ生きがいを感じられることをしていく。

わたしは順天堂大学の病理・腫瘍学の教授という職についています。これが衣食住を支える仕事です。そしてもうひとつ、がん哲学外来があります。こちらはわたしがやりがいも、生きがいも感じて打ち込んでいることです。

もちろん、自分の本業にやりがい、生きがいを見出せるなら、それがいちばんいい生き方でしょう。たとえば、芸術家や職人などには、そうした生き方をしている人がいるように思います。

しかし、一般的なビジネスパーソンはなかなかそうは生きられないのが実情ではないでしょうか。仕事のほかに求めるほかはない。本業以外のことをしていたら、周囲から批判の声があがるかもしれません。しかし、それでもやる。それが人間としての器量、胆力を磨くのです。腹が据わってくるといってもいいでしょう。

がんの患者のお世話は、やりがい、生きがいを満たしてくれるものだと思いませんか。大変なことはわかっています。

しかし、その大変なことと向き合っている、哲学外来メディカル・カフェにくる患者の家族には悲壮感はありません。

それどころか、充足の笑顔が見られるのです。やりがい、生きがいを感じているからだ、とわたしは思っています。患者のお世話は、大切な人の命と真摯にかかわっていくこと。そこにやりがい、生きがいが見出せないはずがありません。

がん哲学外来には「ルール」がない

がん哲学外来（メディカル・カフェ）は、がん患者が立ち上げているところが各地にあります。カフェに通っておしゃべりをしたり、相談したりしていた患者が、今度は他の患者を迎える側にまわっているのです。

わたしは立ち上げのときに顔を出して、次のことだけをお話しします。

「カフェには規則がありません。みなさんの自由な発想で、やりたいようにやって（運営して）ください」

規則がないことが大事なのです。こまかく規則を決めると、必ずそこからはみ出す人が出てきます。そんな人は排除の対象にもなっていく。和を乱すからあの人はいらない、ということになるわけです。それが組織の瓦解にもつながります。

がん患者は心身ともに個別の事情を抱えています。身体の状態もさまざま、心の在り様もいろいろです。それぞれが自分の事情のなかでかかわっていくには、規則は〝余計者〟でしかありません。じつはこの「無規則運営」は、癌研時代の恩師から受け継いだ流儀なのです。

「やりたいように人にまかせよ。最後はおまえが責任をとれ」

恩師の言葉です。わたしはただ、それに倣っているだけです。ただし、腹に据えておいて欲しいことがあります。

いい加減ではないことを示すことです。

規則がなくて、いい加減では、どんな組織も運動体もすぐに立ちゆかなくなります。それぞれの本気度でいいから、とにかく本気で取り組む。そうしてさえいれば、ほかはどうでもいいのです。

現在、カフェは全国に一四〇カ所。目標は七千カ所ですから、前途はまだまだ遼遠です。

自分より困っている人に接する

人は自分のつらさや悩みにとりわけ敏感です。がん哲学外来を訪れる人たちにも、当初は少なからずそのようなところがあります。この世のつらさも悩みも自分が一身に背負っている。そんな気持ちになってしまうのです。

そうした患者たちにわたしが伝えるのは次の言葉です。

「自分より困っている人を探してください。そして、その人と接してください」

自分より困っている人と接すると、人は自分のつらさや悩みを脇に措いて、その人に共感し、その人のために何かしてあげたい、してあげられることはないだろうか、と考えるものです。使命感が生まれるといってもいいでしょう。

わたし自身もそのことを実感させられた一人です。わたしにもつらいこともあれば、悩みもあります。ところが、がん哲学外来を開き、全国からやってくる人たちのつらさや悩みに接しているうちに、そんなことはどうでもよくなったのです。

そればかりか、いくら体力的に疲れていても、患者と対話をしていると、元気がもらえ、癒やされる、ということにも気づいたのです。

そういわれても、どこに行ったら自分より困っている人を探せるか、どうしたらそういう人と接することができるか、わからないという人もいるでしょう。手前味噌になりますが、そんな人のためにあるのが、がん哲学外来メディカル・カフェです。

メディカル・カフェは自分より困っている人と出会う場であり、親しく接する場でもあります。誰もが自分の使命に気づき、いきいきと、また、はつらつとして、それに取り組んでいます。

どんな人が参加するのも自由ですが、カフェを体験した人の口から一様に出るのは「みなさん、ほんとうにがん患者ですか？」という言葉です。つらさや悩みを一身に背負っていると感じている、がん患者、家族の方々、カフェを覗きにきてください。

「人生の目的は品性の完成にあり」

誰にでも人生の目的があるでしょう。目的はそれぞれの価値観によってちがってきます。お金を稼ぐことが目的という人もいるでしょうし、社会的に高い地位につくことがそれだという人もいる。名声、名誉を得ることを目的とする、という人もいて不思議はありません。

しかし、内村鑑三はこんな言葉を残しています。

「人生の目的は品性の完成にあり」

品性とは何か。ひとことでいえば、自分を輝かせるもの、それが品性であると、わたしは考えています。

それを完成させるには、いくつかのステップがあるように思います。

まず、苦難に遭うことです。肉体的にも、精神的にも、苦しいと感じる状況に身を置くことで、耐える力が培われます。これが品性の土壌といってもいいでしょう。

忍耐力の土壌に品性が芽吹くのです。

芽吹いた品性は、自分がやるべきことを全力でやることによって、磨かれていきます。やるべきことは、自分のため、自分を満足させるためではなく、他人のため、他人がよろこんでくれたり、幸せになってくれたりするものであるのがいい。そこに希望が生まれるからです。

自分を中心に置いている間は、品性は磨かれないのです。

こう考えてみると、がんであること、がん患者を見守る立場に置かれたことは、品性を完成するための最初のステップ（苦難）に立ったことだといえないでしょうか。

それぞれがその立場を引き受け、目をそらすことなく、耐えて、自分の役割をはたしていく。それが品性の完成に向けて、たしかな一歩をあゆんでいくことです。

品性の完成に向けたたしかな足跡

すでにお話ししましたが、「人生の目的は品性の完成」にあります。

それをみごとに実践された患者がいます。つらい治療を受け、副作用にも苦しむなかで、この患者は「自分でも何かできるはず。人のためになることがしたい」と考えたのです。がんを告知されてから、さまざまな思いの紆余曲折があったと思います。しかし、いつしか思いはそこにいたった。自分の使命、役割に気づいたといっていいでしょう。

彼が計画したのは、がん哲学外来メディカル・カフェで芝居を上演することでした。もともと芝居が好きで舞台にも通い詰めていた彼は、親しくしていた劇団関係者や役者たちに話をもちかけ、「ぜひ、全面協力したい」との快諾を得ました。

舞台にかけたのは『葉っぱのフレディ―いのちの旅―』(レオ・パスカーリア作　みらいなな訳　童話屋)。ご存知の人もいると思いますが、フレディという一枚の葉っぱとその仲間たちのかかわりを通して、生きるとは何か、死とは何か、命とは何か……を深く考えさせる作品です。

ともにそのことを考えよう。彼の意図はそこにあったのだと思います。しかし、準備が進むなかで、上演を待つことなく亡くなりました。遺志を継いだ関係者たちによって、舞台の幕が開いたのはその四カ月後でした。

会場を埋めた満員の観客たちの拍手と涙。それは全員が思いを受け継いだ証だったでしょう。誰もが彼から大きな、尊い、たしかなプレゼントを受けとったのです。その場にいた家族にとっては誇らしいプレゼントでもあったにちがいありません。

わたしは彼に、品性の完成に向かっての力強いあゆみを見ます。そのあゆみが周囲にはかりしれないほどの勇気を与えたことを確信しています。

6章 自分の役割・使命に気づく

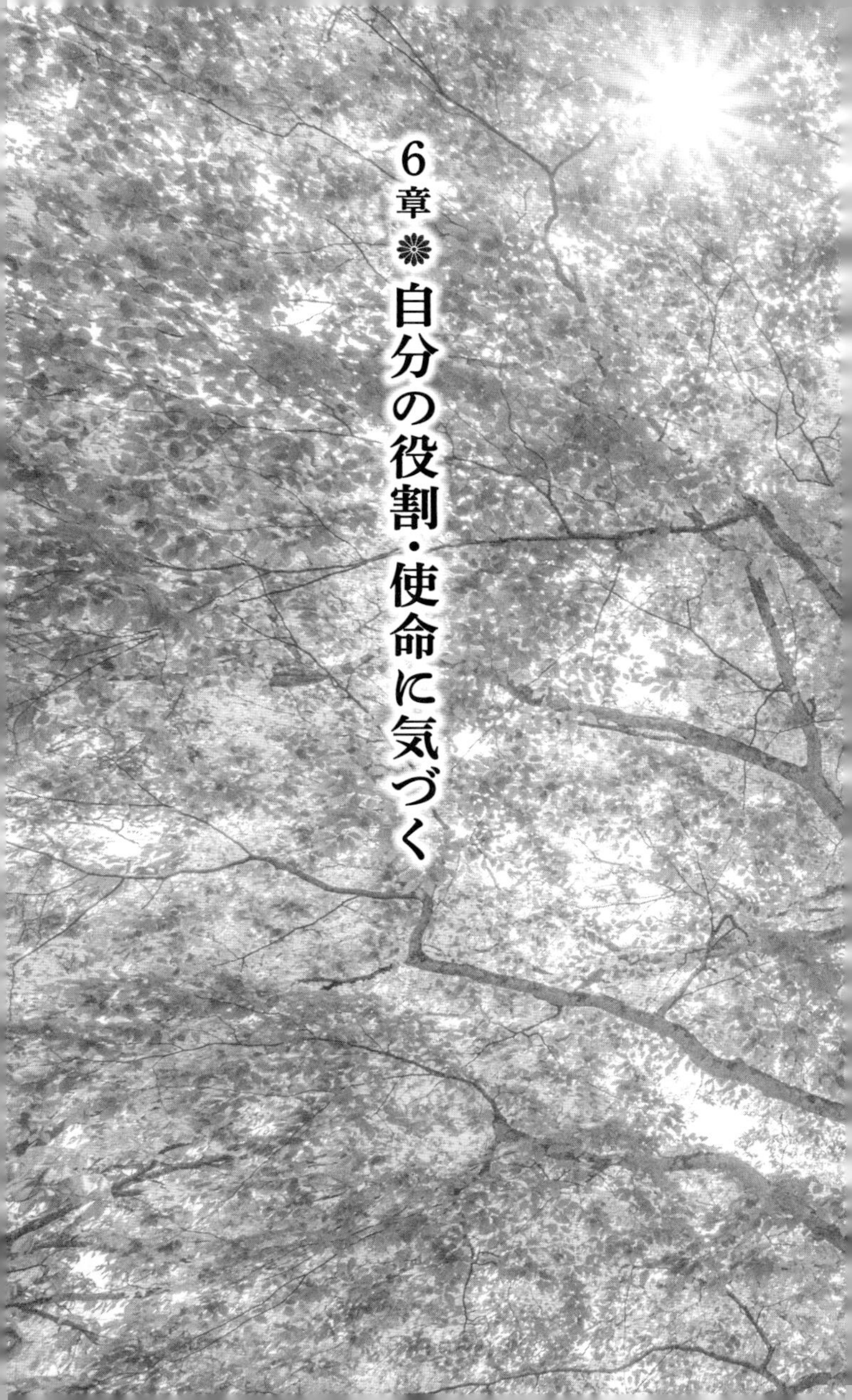

尊厳にふれて使命に気づく

言葉には力がある。がん哲学外来では繰り返し、繰り返し、そのことを実感させられています。わたしの前で涙を流す患者や家族は少なくありません。がんを告げられたときの衝撃、がんと生きていくことの不安、家族への複雑な思い……。涙の源泉はさまざまにあるでしょう。いずれにしても、理由が明らかな悲嘆の涙です。

しかしもうひとつ別の種類の涙があります。わたしが処方した言葉を聞いて流す涙。

たとえば、わたしはこんな言葉をかけます。

「あなたは何のために生まれてきたのですか？」

がん患者や家族にはふさわしくない言葉と感じるかもしれません。たしかに、励ましや労りの言葉はほかにいくらでもあるでしょう。しかし、そうした言葉は一時的には患者や家族を癒やすことはできても、がんになったという状況を受け容れて、自分らしく生きていく力には、残念ながらなり得ないのです。

長い間迷ったり悩んだりしてきたことや、人知れず努力してきたこと、誇りにしてきたこと、心の支えにしてきたことなど、その患者という存在の根底、アイデンティティ、心の奥深くに届く言葉が必要です。「あなたは何のために生まれてきたのですか？」も、そのなかのひとつだ、とわたしは思っています。

そのとき患者や家族が流す涙は悲嘆のそれとは明らかにちがいます。心の奥底の井戸から汲み上げるような涙。それまでは考えることもなかった、人間という存在に備わっている尊厳に気づいたことで、自然にあふれ出す涙といったらいいかもしれません。

誰にでも必ずある自分に与えられた役割を見つけ、それを着実にはたしていく。それが人間の尊厳であり、自分らしく生きることでもあると思います。

自分は何のために生まれてきたのか、という問いを自分に向けて発することでしか、そのことには気づけないのではないか、とわたしは考えています。

そんな涙に触れるたびに、あらためて言葉の力を感じます。

一日一時間、一人で考える

がんの告知を受けたら、最初に襲ってくる衝撃は絶望感かもしれません。

「自分の人生は、もう終わった！」

その絶望感は日常的に患者と接する家族にも伝わるでしょう。絶望感を抱えながら一人でいるのはつらいものです。そこで、あちらこちらに出かけたり、人と会ったり、がんに効果的とされている療法を探しまわる、といったことになったりもする。

もちろん、それで少しでも気が紛れるのであれば、そうするのも悪いことではないでしょう。

しかし、その一方で考える時間ももって欲しいのです。


一日一時間、一人で静かに深く考える。

そんな習慣をつけましょう。はじめは不安や怖れにばかり心が向かうかもしれません。それでも、静思する孤独な時間をすごしているうちに変化が起きるはずです。人は本来、孤独な存在です。そのことを噛みしめることで、不思議と活力が湧いてくるのです。

わたしは患者たちに、「一日一時間静思」のすすめをしています。それを実践している患者はこんな話をしてくれます。

「この習慣をつけてから、気持ちが外に向かうようになりました。メディカル・カフェで、みなさんとおしゃべりをしたり、お茶を飲んだりするのが、とても楽しく感じられるんです」

気持ちが外に向かうといっても、気晴らしとはちがいます。自分は何のために生まれたのか、自分の役割に気づけるようになる。ふつうのこと、何でもないことに、楽しみを見出すことができるようになるのです。

患者だけではなく、見守る家族にもつけてほしい習慣です。

暇になると役割、使命が与えられる

この時代を生きている人はみんな多忙に見えます。たとえば、ビジネスパーソンに「お忙しいですか?」と聞けば、「お蔭様で、忙しくさせていただいています」といった答えが返ってくるのが常。ここでひとつ質問です。

「あなたが忙しくしている〝そのこと〟は、あなたでなければできないことですか?」

さあ、考えてみてください。仕事にしても、他のことにしても、これは自分にしかできないことだ、というものがどれほどあるでしょう。

仕事でどんなに重要なポジションについている人でも、かりにその人がいなくなれば、必ず、誰かがとって代わってくれます。企業の屋台骨を支えてきたカリスマ経営者がいなくなったら、途端に経営不振に陥り、倒産したなんて話を、わたしは聞いたことがありません。

自分でなければできないことは、数えるほどしか、いえ、数えるほどもないのです。それだけをしていけば、多忙転じて、暇になります。

この暇であることがきわめて重要です。

忙しさにまみれているうちは、じっくり自分を見つめることができません。自分と向き合うための必須条件は、暇であること、一人になる時間をもつことです。一人になって考えることで、自分の尊厳に触れることができます。

なぜ、自分は生まれてきたのか。自分が生きている意味はどこにあるのか……。それを感じることが、すなわち、尊厳に触れることだと思います。そして、自分の尊厳に触れると、役割、使命が与えられる。

この流れは「絶対」です。忙しさを誇ったり、暇を怖れているうちは、役割、使命は与えられないのです。

自分は何のために生まれてきたのか？

がん患者にとって、午後六時は特別な時間のようです。

その時間になると孤独感に襲われ、無性に寂しくなる。もちろん、〝六時〟は象徴的な表現ですが、夕暮れどきから長い夜がやってくるという思いが、ことさら一人である実感を強め、寂しさをもたらすということなのでしょう。たしかに、がん患者はその時間帯にうつ的症状になることが少なくないのです。

そんなときに自分に向けていって欲しいのが次の言葉です。

「自分は何のために生まれてきたのか？」

人間にとってもっとも根源的な問いかけです。健康なときはおそらく発したことがない問いでしょう。他人との比較のなかでしのぎを削り、常に競争のなかで生きてきた。そんな生活をしている間は、この問いは出てきません。

人には誰にでも使命、役割があります。何のために生まれてきたかを問うことは、その使命、役割を見つけることです、いや、使命、役割に気づくことだといっていいでしょう。

使命が明らかになった人は、迷わずそれに向かって行くことができます。役割に気づいた人は、そこに希望を見出すことができます。

患者のなかに、こんな話をしてくれた人がいます。

「役割なんて考えたこともありませんでした。でも、それがいちばん大事なんですね。役割をはたすために生まれてきただなんて、がんにならなければ気づかなかったと思います。そうか、がんになったのは、もしかしたら、このときのためだったのかもしれませんね」

焦ることはありません。何度でも、何度でも、気づきに出会うまで、問いを発しつづけてください。

肩書や「看板」にこだわらないほうがいい

病気は世界共通、平等でもありますから、誰でもかかる可能性があります。

がんももちろんそうです。

しかし、その受けとめ方は人それぞれでちがいます。たくさんのがん患者と接してきて、わたしはこんな感じをもっています。

出世街道を突っ走ってきたエリートと呼ばれる人たちは、概して、がんになると脆《もろ》さを露呈する、というのがそれです。他人との競争に勝ち、社内でいいポジションを与えられ、仕事に生きがいを見出している。まあ、エリートはおおよそそんなふうに定義されるのではないでしょうか。

がんになったことでそれらが失われる。そう考えるのでしょう。勝利者としての誇りも、せっかく手にしたポジションも、(仕事という)生きがいも……。だから、一気にガックりくる。脆くなってしまうわけです。

しかし、なくなってしまうのを怖れているそれらのことは、すべて「看板」ではありませんか。誰それに勝った、こんなポジションについた、生きがいのあるこんな仕事をしている。そのどれもが自分が掲げている看板にすぎないのです。

それを下ろしたからといって、どうってことはない。誰か別の人がその看板を掲げることになるだけのことです。

がんになったことを契機として、看板は下ろしたらどうでしょう。わたしは「看板かじり」といっているのですが、看板にかじりついているから、失意の底に沈んだり、がんになったわが身を嘆いたり、呪ったりすることになるのです。

下ろしてみると、ありがたく、価値があると思い込んでいた看板が、じつはフワフワとして軽い、たいした価値なんかないことがわかってきます。

人にはみんな個性があります。その個性に気づくことが大事なのです。看板を下ろすことは、その端緒につくことです。下ろさないと気づけないのです。

譲れるだけ譲ると暇になる

譲れるものは全部譲ってしまう。暇になるための最大のコツがそれです。

人は一度手に入れたものはなかなか手放せません。元来、譲るのが苦手なのです。仕事を抱え込む、会社でのポジションに固執する、出世を諦めきれない……。

いちいちあげていくと、譲れないことだらけです。だから、忙しい。

しかし、そのなかのいくつかが譲ったら困ることでしょうか。仕事もポジションも大丈夫です。譲ったら人がやってくれます。

「そうはいっても、譲ってしまったら、自分の立ち位置がなくなるじゃないか」

そんな反論が聞こえてきそうです。たしかにそうかもしれませんが、譲ることでなくなるのは、あくまで会社での立ち位置でしょう。けっして人生の立ち位置ではありません。

さあ、ふたつの立ち位置のうち、どちらが大事でしょう。これは考えるまでもないのではありませんか。

大事な人生の立ち位置は、譲るだけ譲って、暇にならなければ見えてこないのです。

暇は「日間」です。お「日」さま、つまり、太陽の光が「間」から差し込むということです。忙しくしているあいだは、間がないから光が心に届かない。

暇になって心に光が入ってくると、人生の立ち位置が明らかになります。

「ああ、そうだったのか。自分の役割はここにあったんだ」

これが、人生の立ち位置が明らかになるということです。役割、使命に気づくといってもいい。

いかがですか、会社での立ち位置なんか、ちっぽけなものだと思えてきませんか。

譲れるものはたくさんあります。ひとつずつ、譲っていきましょう。

人生に期待するより「人生から期待されている」ことに気づく

がんになったらさまざまな制約を感じることになるでしょう。それまでのように仕事ができない、フランクに人とつきあえなくなる、家族との関係が変わってしまう。楽しみが奪われる……。

そうした制約ができたことでこんなふうに思うかもしれません。

「人生が期待どおりにいかなくなった」

自分の人生に期待するのは悪いことではありません。それが活力にも意欲にもつながることはあるでしょう。しかし、自分が置かれている状況は変わったのです。健康な頃の期待どおりにいかないのは、当然のことではありませんか。

いつまでも変わる前の人生への期待から離れられず、いまの自分を嘆いていたら、心は後ろ向きになるばかりでしょう。

人は誰でも、一人の例外もなく、「人生から期待されている」のです。

どんな状況になっても、人生は期待しつづけます。がんになっても、その家族になっても、生きている間は、期待しなくなるなんてことはありません。

人生が何かいいことをもたらしてくれるだろう、と期待するより、人生から期待されていることに応えることのほうが意義は大きい、とわたしは思っています。前者が待ちの姿勢、いわば受け身であるのに対して、後者は能動的、自分から働きかけていくものだからです。

夫ががんになったなら、妻であるあなたには、

「彼は、彼の人生から何を期待されているんだろう」

「妻である私は、そのために何ができるだろう？　そして私自身は、どんな人生を期待されているんだろう？」

そう問いかけてほしいのです。

人生が期待するものは、その人なら必ず実現できることです。また、他人とのかかわりのなかで他人のためになることです。問い続けていたらそれが何かがわかります。

「一周遅れの先頭の責務」を果たす

人生はよく長距離走に喩えられます。人によって走力には差がありますから、トラックを何周もまわっているうちには、周回遅れになる人も出てきます。しかし、見ようによってはその人が先頭にも見える。

がんで治療や入院を余儀なくされたら、自分が周回遅れになったような気持ちになるかもしれません。そこで焦ったり、腐ったり、挫けたりすることがあるかもしれない。しかし、たとえ一周遅れになっても、自分の人生を走りつづけるのは自分しかいないのです。

言葉を換えれば、人生においてはいつも自分が先頭をきって走っているということでしょう。ならば、あくまで自分のペースで、そのペースを落とすことなく、走りきることが

大切でしょう。

それが**「一周遅れの先頭の責務」を果たす**ということ、人生をしっかり生きるということです。

ゆったりでいいじゃないですか。速く走ることだけに価値があるのではありません。投げ出さないこと、あきらめないこと、精いっぱい歩を進めること、にこそ価値があるのです。

トップを狙ってがむしゃらに走るより、むしろ、ゆっくり自分の足どりをたしかめながら、きちんと地に足をつけて走るほうが、ずっと品性を感じさせる。わたしはそう思っています。

がんになる前となってからではペースはちがって当然です。前のペースで走れない自分を嘆いてなんかいないで、いまのペースで精いっぱい、一生懸命走りつづければいいのです。

人と比べるのが悩みのもと

自分ががんになったり、家族にがん患者がいたりすると、生活はそれまでとちがったものにならざるを得ません。

もっとも影響が出るのは仕事かもしれません。がんの治療、あるいは患者のお世話に時間を割かれることになりますから、それまでのペースで仕事ができなくなる。

そこに悩みが生まれます。

「これまで順調に出世してきたのに、こんなことでは同僚や後輩に置いていかれる」

悩みのもとは他人との比較、他人に対する競争意識でしょう。自分より先に昇進するであろう同僚と比較するから、いいポストについてしまうかもしれない後輩に対する競争意識があるから、焦ったり、悩んだりするわけです。

さらにいえば、**がんになる前の自分、家族にがん患者がいなかったときの自分と、いまの自分との比較もしているのです。**

仕事だけをバリバリやっていたあの頃の自分と比べて、いまの自分は、なぜ、こんなにいろんなことを抱え込まなきゃならないのだ、とまたまた悩むことになる。

しかし、他人と比べたって、過去の自分と比べてみても、自分の「いま」が変わるわけではないのです。それどころか、いま自分がやるべきことが見えなくなってしまいます。自分の人生には役割、使命があるはずなのに、それに気づくことができない、といってもいいでしょう。人生でほんとうに大事なこと、意味のあることは、役割、使命をはたすこと、それをまっとうすることです。

人より少々、出世したり、競争に勝ったりすることは、人生にとってたいしたことではないのです。(自分や家族ががんになった)いまこそ、比較、競争から離れて、使命、役割を見つけることに生き方をシフトする、またとない好機です。

できないことを受け容れるとできることがはっきりする

全知全能の神ならぬ人間にはおのずと力の限界があります。砕けたいい方をすれば、できることもあれば、できないこともある。すぐれたところもあるし、ダメなところもある、ということです。

しかし、できないこと、ダメなところを率直に認めることができないのも人間の性なのではないでしょうか。自分に与えられた使命、役割が見えなくなっている一因はそのことにあるのではないかと思います。

とくに大きな課題に直面したとき、ダメなところを認めるのがためらわれます。がん患者の家族になったというのは、まさしく大きな課題です。やるべきことは山積みです。

そこで、「できないなんていっていられない」「ダメだなんて許されない」という思いに駆られるのではないでしょうか。何もかも家族である自分が背負い込まなければいけない、と思ってしまうといってもいいでしょう。

病院に通わなければいけない、患者の前では明るくふるまわなければいけない、家のことも疎かにはできない、子どもの心のケアもしなければいけない、患者の親や親族ともうまく対応していかなければいけない……。

これでは、ほんとうにやるべきことが見えなくなります。その状況のなかでの自分の使命、役割ということに焦点が定まらないのです。

できない、ダメは認めたらいいのです。家のことをそれまでどおりになんてできない、患者の前でときに涙を流してしまうダメな自分でいい……。**できない、ダメを認めると、できることがはっきりしてきます。**

「そうだ、何をおいても、あの人（患者）と一緒にいる時間だけは大事にしよう。充分にとるようにしよう」といったふうにです。

それが使命、役割です。

「これしかない」を見つける

「あなたには、いま、やらなければならないことがどのくらいありますか？」

こんな問いを投げかけたら、さて、どんな答えが返ってくるでしょう。勤勉をもってなる日本人のことですから、おそらく「あれも、これも」とたくさんのことが頭に浮かぶのだと思います。

がん患者を抱えていればなおさらのこと。たとえば、夫が入院している妻なら、それまでこなしていた家事に、病院通い、夫が必要とするものの調達、医師との面談……といったことが加わるわけです。

ここでもうひとつ質問です。

「それらのことはすべて、あなたでなければできないことですか？」

それらのなかにあなたでなくてもできることはないでしょうか。必ず、ある。

家事は娘にまかせることができるかもしれないし、必要品の調達は息子がやってくれるかもしれない。病院通いだって、（かりに子どもが二人いれば）自分を含めて、三人交代制にすることができるのではありませんか。

ふるい落とし作業をしてみてください。

誰かにしてもらえることをふるい落としていって残ったもの。それがあなたにしかできないこと。すなわち、「これしかない」自分の役割なのです。

それ以外を何でもかんでもばっさりやめるという極端には振れてほしくないのですが、その「自分の役割」に、より注力する。すると、心に余裕をもって、よりていねいに、それにあたることができます。それまで必要なものを置いて、洗濯物を袋に入れ、そそくさと立ち去るのが常だった病院通いが、しばしの時間をベッド脇で夫とすごす病院通いに変わります。

夫は寄り添ってくれている妻を感じるはずです。ただ、黙っている時間も含めて「対話」が成り立っている関係です。

役割を見つけてください。早く、それに気づいてください。

「however（にもかかわらず）」で生きる

人はさまざまな状況のなかで生きています。一人の人生には順境もあれば、逆境もある。人生のすべてが順風満帆に運ぶなどということはないのです。人間性、品性といってもいいですが、それが問われるのは、多くは逆境に置かれたときではないでしょうか。がん患者が逆境にいることはたしかです。その家族もそうでしょう。

しかし、がん哲学外来を通じて、わたしがお会いしてきた三千人を超える患者や家族のなかには、状態が悪いにもかかわらず、笑顔を見せてくれる人がいます。

余命を告知されていながら、哲学外来メディカル・カフェのスタッフとして、そこに集うみなさんのお世話をしている人がいます。

その姿を見るたびに、わたしは感動を覚えずにはいられません。ときどき、しんどい、疲れた、と思う自分が情けなくもなるのです。自然に背筋が伸びる、威儀が正される思いがする、といったらいいでしょうか。

「however（にもかかわらず）」の力です。

がんになったことを嘆く、恨みに思う、がん患者の看護がつらい、苦しい。そうであって当然なのです。がんなんてなんでもない、患者のお世話なんかへいちゃら、というのは無理な強がり、から元気、去勢でしかありません。

嘆きも、怨みも、つらさも、苦しさも、あってなお、「にもかかわらず」で生きる。笑顔で周囲を明るくしたり、他人のために何かをしたり……。その姿にわたしたちは感銘を受けます。その姿から多くのことを学ぶのです。

品性高き生きざま、生き方を、そこに見るからだと思います。

大切な仕事がある

何度も再発を繰り返し、転移も多臓器におよぶと、現在の医療では手の施しようがない状態となります。医師も余命告知をすることになるでしょう。それがどれほどの絶望感をともなうものなのかは、当事者でなければ想像することもできません。その状況に耐えきれず、みずから命を絶とうとする人も、実際いるのです。

そんな患者には、励ましや慰めの言葉は意味をもちません。「希望を捨てないで」「(生きる) 可能性を信じて」といった言葉は、希望も可能性もないとわかっている患者に、さらにそのつらい事実をつきつけることにしかならないのです。

わたしが伝えるのはこんな言葉です。

「死ぬという大切な仕事が残っていますよ」

逃れようのない間近な死を前にした患者に、「死」という言葉を使うのは無神経にも、残酷にも聞こえるかもしれませんが、患者のやるべきことはそれなのです。

ベッドに横たわって、身体もほとんど動かせなくなったら、何もできないじゃないか、と考えるかもしれませんが、それはちがいます。最後まで生ききって人生に幕を下ろす。その姿を家族にプレゼントとして残すのです。

末期がんの祖母が、余命いくばくもないにもかかわらず品性をもって病床ですごしている姿を見て、不良だった孫が更生したということも、私の患者のケースで実際にありました。親や教師が考えられるあらゆる手を尽くしても聞く耳を持たなかった「不良」の心を、祖母の病床でのありようが動かしたのです。

やりがいのある大仕事です。わたしはこの言葉を何人もの患者に伝えてきました。聞いた当初は動揺の様子を見せたり、戸惑いの表情になったりする患者も、家族もいます。しかし、どこかで腑に落ちるのでしょう。

その役割をはたそうという覚悟が、身体は衰弱しきっていても、患者にみなぎってくるのです。

死の瞬間まで、そんな患者を全力でサポートする。それは家族の大切な仕事です。

寝たきりの人にも役割がある

人生とは、自分に与えられたそのときどきの役割に気づき、死の瞬間までそれをはたしきっていくことだ、といっていいと思います。

がんの末期患者は寝たきりになることもあるでしょう。そこで、こう考えるかもしれない。「こんなふうに生きていても、周囲の手を煩わせるだけ。早く逝くことがみんなのためなのじゃないか」

命の終わりは天におまかせすることです。そのときがくるまでは、誰にでも役割があるのです。

大家族が自宅で死にゆく人を送った昔とはちがい、いまは若い世代が間近で老いや病、さらには死というものに触れることが極端に少なくなっています。

老いて、病を抱え、死に直面して、病床に横たわっている姿は、そこに見舞いにやってくる人たちに、老いとは何か、病とは何か、また、死とは何か、ということを考えさせるでしょう。

いずれも人間の根源にかかわる問題です。それらについて考える契機を与えている。これは偉大なる役割をはたしていることになりませんか。

また、見舞いに来てくれる人たちに向ける笑顔、「来てくれて、ありがとうね」という感謝の言葉は、心にしみるものになるはずです。「自分もがんばって生きなきゃいけないなぁ」「いい笑顔だったな。気持ちがあったかくなってきた」「なんだか、励まされた気分だ」……。

それぞれが何かを感じて帰途につく。これも、その人でなければできない役割といえるのではないでしょうか。

そこにいる（存在している）ことにも役割があります。それを、ただ、はたしていけばいいのです。

若い世代はビジョンを、年長者はドリームを……

若い世代にもってもらいたいのがビジョンです。自分の一生のなかで何をなし遂げたいのかを思い描く。ビジョンをもつことで自分が歩いて行く道筋が見えてきます。ときにはその道から外れることがあっても、見えていればそこに立ち戻れる。迷いっぱなしになることはありません。

一方、**年長者はドリームをもつのがいい。**

ドリームは、自分の人生ではなし遂げることができない、スケールの大きい構想といったらいいでしょうか。自分の人生が終わってから三〇年後、五〇年後、あるいは一〇〇年後に「これが実現したらいい」と思えるもの。それをもち、かつ語ったらいいのです。

「一〇〇年後に誰かが自分のことを思い出してくれたらよい」

勝海舟の言葉です。一〇〇年先を見通していたからこそ、海舟はこう語れたのでしょう。

わたし流にアレンジすれば、

「三〇年後のことを、明日起こるがごとく語ろう」

です。いうまでもないと思いますが、ビジョンもドリームも、それぞれが置かれている状況によってちがってくるものです。だから、

「がんと闘っている自分がドリームなんてもてるわけがない」

というのはあたりません。

がんと闘っていようが、余命を告知されていようとも、語れるドリームはあるのではないでしょうか。いや、その経験のなかでしか語れないことが、必ず、あるはずなのです。

「誰もががんを哲学的に考える時代がくる」

がんと無縁な人、がんに無関心な人には、語れないドリームです。しかし、三〇年後にはほんとうにそうなっているかもしれません。

人を動かすには説得より「気にさせる」

家族が一枚岩になって患者に寄り添う。それが理想だと思いますが、家族の足並みが必ずしもピタリとそろうとはかぎりません。むしろ、そうなるのは希、家族間に温度差がある、というのが一般的なのではないでしょうか。

その温度差をなくそうとして、説得するのは効果がありません。人は説得されてもなかなか動こうとはしないからです。

動かすには「気にさせる」ことです。なんだか気になるという状態になれば、あとは放っておいても動いてくれるようになります。

がんで入院している夫の看護を最優先でしていこう。信念をもってそう決めたら、それを貫くのです。家族からは不満の声があがるかもしれません。

「いくら毎日病院通いだからって、夕食にコンビニ弁当はないんじゃない？」
「毎日洗濯してくれないと、着ていくものがなくなっちゃう！」
それまでしっかり取り組んでいた家事も、最優先ができたことで優先順位が下がるわけですから、息子や娘には不都合なことが出てくるでしょう。それでも黙々として看護をつづける。

それまで大黒柱としてがんばってくれてきた夫のためなのですから、大義、正義はわが方にあり、です。言い訳や弁解など言挙げはいっさいしない。

家族はその行動が気になってきます。「どうしてそこまでやるのか？」。それをそれぞれが自分自身に問うことにもなります。結果は、「おかあさんはすごい」というものになるでしょう。コンビニ弁当にも文句をいうことはなくなります。何もいわずに家事をサポートすることにもなる。大義、正義のある行動はどんな言葉よりも、周囲の人間の心に響くのです。

相談してものごとを進めることは大切ですが、信念をもって正しいと思えることは、やってしまったらいい。それが人を「気にさせる」最強の方法です。

年代別の「役割」を胸に刻んでおく

人に与えられた役割はそれぞれでちがいますが、年代ごとに基本的な役割があるように思います。生きるうえで踏まえておかなければいけない、基本姿勢といったほうがわかりやすいかもしれません。

三〇代↓人にいわれたことを黙々とがむしゃらにやる
四〇代↓自分のやりたいこと、好きなことに専念する
五〇代↓積極的に周囲の人の面倒をみる
六〇代↓自分のことしか考えていなかったら恥と思え

がむしゃらに何かをやるという経験がないと、自分のやりたいこと、好きなことがわかりません。つまり、三〇代は四〇代の土台づくりでもあるのです。やりたいことをとことんやるから、周囲に目を向けられるようになるのですし、その経験がさらに広い視野で他人のことを考えられるということにつながっていくのです。

「そうはいっても、五〇代でがんになったら、人の面倒をみるどころか、自分が面倒をみてもらわなければならないじゃないか」

たしかにそうです。しかし、五〇代は周囲の人の面倒をみる、という基本姿勢を踏まえていたら、こうは考えられないでしょうか。

「面倒をみる年代なのに、心ならずも、面倒をみてもらう側になってしまった。こうなった以上、面倒をみてくれる人に心から感謝して日々を送ろう」

お世話をしてくれる家族に常に感謝の気持ちで接することができる。それも立派に役割をはたしていることだと思うのです。

「がんなんだから、面倒をみてもらって当然だ」

という姿勢とは雲泥の差です。

年代ごとの役割、心の底にしっかり敷いておいてください。

ユーモアは「you more」

ユーモアと「ユー（you）・モア（more）」。このふたつは深くかかわり合っています。友人の言葉を借りれば「ユーモアはユー・モアなり」ということになる。ユー・モアは「あなたをもっと大切にしなさい」ということですが、ユーモアにはまさしくその力があるのです。

ダジャレめいた言葉でも、患者に語ると、硬かった表情がゆるみます。**表情がゆるめば心もゆるむ。心がゆるむことは気持ちがラクになること。それも自分を大切にすることにつながっている、とわたしは思っています。**

ユーモアを率直に受けとって笑顔になれるのは心が元気だからです。気持ちが沈んでいたり、心が塞いでいたりしたら、笑顔になんかなれません。心が元気でいることは自分を大切にすること、そのものではありませんか。

日常のなにげない言葉にもユーモアの味つけをする。わたしは自己紹介をするとき、こんないい方をします。

「わたしの名前は樋野興夫といいます。英語でいえば、〝オリジン・オブ・ファイアー〟、火をおこします」

あまり上等なユーモアとはいえないかもしれませんが、講演会などでこれをやると、みなさんクスリと笑ってくれます。

「どんな火をおこすと思いますか？　がん哲学外来というみなさんをあったかくする火です」

ちょっと頭をひねれば、ユーモアの味つけは誰にでもできます。しかも、その作業はなかなか楽しいし、こちらも心が元気になる。どしどしユーモアを繰り出し、受けとって、あなたをもっともっと、元気に、大切にしましょう。

おわりに

がんの患者も家族も、複雑な思いが錯綜するなかで毎日を送っています。なぜ、自分の家族（夫が、妻が、父が、母が……）ががんになってしまったのか、自分は何ができるのか、すべきなのか、もっと効果的な治療法はないのか、手術をすべきか、控えるべきか、余命宣告をされたらどうふるまったらいいか……。また、家族間には患者のサポートに対する考え方、意見の食いちがいがあるかもしれません。

しかし、本文でも述べましたが、「一番困っているのは誰か？」をあらためて考えてみてください。それは、いうまでもなく、患者です。

人は自分より困っている人が近くにいると、その人の心に共感し、自分を犠牲にしてでも、何かをしたいと思うものです。

「がん哲学外来」には再発したがんを抱えながら、別のがん患者のお世話をする人がいます。がん患者の家族でありながら、他の家族の話にいつまでも耳を傾ける人がいます。患者を見守る家族の〝土台〟がこれです。土台をしっかり固めておけば、どんな問題が起きても、必ず、乗り越えていけます。本書を一読されたみなさんは、すでに土台固めに着手しています。患者に何か変化はなかったでしょうか。家族であるみなさん自身に変わったところはありませんか。

「いままで重苦しかった（患者と）一緒にいる時間が、ラクに感じられるようになった」

「あまり話さなかった夫が、して欲しいことをいってくれるようになった」

それは、がんと闘っている患者とその看病をする家族の足並みがそろってきたことにほかなりません。患者にとって家族の風貌や言葉が「自分を癒やしてくれる存在」に、家族にとって患者が「自分の思いを素直に受け容れてくれる存在」になったことだといってもいいでしょう。そんな患者と家族の在り方の変化は、がんを取り巻く環境を変える原動力だ、とわたしは思っています。しかし、まだまだ、端緒についたところです。

現在、わたしは文京区内の小学校と中学校で「がん教育」をおこなっています。小学生からがんについて知る。それも原動力をより強化させるものでしょう。

「がん哲学外来」も、一〇年という節目をすぎて、そこに集う人たち全員が、原動力の一翼を担おうという新たな意欲をかき立てています。

本書がそうした動きの一助にでもなれば、筆者としてそれ以上の喜びはありません。

樋野興夫

人生を自由自在に活動《プレイ》する

青春新書
PLAYBOOKS

人生の活動源として

いま要求される新しい気運は、最も現実的な生々しい時代に吐息する大衆の活力と活動源である。

文明はすべてを合理化し、自主的精神はますます衰退に瀕し、自由は奪われようとしている今日、プレイブックスに課せられた役割と必要は広く新鮮な願いとなろう。

いわゆる知識人にもとめる書物は数多く窺うまでもない。

本刊行は、在来の観念類型を打破し、謂わば現代生活の機能に即する潤滑油として、逞しい生命を吹込もうとするものである。

われわれの現状は、埃りと騒音に紛れ、雑踏に苛まれ、あくせく追われる仕事に、日々の不安は健全な精神生活を妨げる圧迫感となり、まさに現実はストレス症状を呈している。

プレイブックスは、それらすべてのうっ積を吹きとばし、自由闊達な活動力を培養し、勇気と自信を生みだす最も楽しいシリーズたらんことを、われわれは鋭意貫かんとするものである。

―創始者のことば― 小澤和一

著者紹介

樋野興夫（ひの　おきお）

医学博士。順天堂大学 医学部（病理・腫瘍学）／国際教養学部 教授（併任）。一般社団法人 がん哲学外来 理事長。東京女子大学理事。恵泉女学園理事。

1954年島根県生まれ。癌研究会癌研究所、米国アインシュタイン医科大学肝臓研究センター、米国フォックスチェイスがんセンターなどを経て現職。

がん患者や家族が、病院の外で医師と話せる場の必要性を痛感し、誰でも自由に来て自由に帰れる、何でも話せる場として「がん哲学外来」を創設（2008年）。対話や「言葉の処方箋」を通して患者や家族を支援する個人面談や講演を精力的に続けている。2018年4月現在、全国に「がん哲学外来」は140カ所まで増えている。

著書に『明日この世を去るとしても、今日の花に水をあげなさい』（幻冬舎文庫）などがある。

大切《たいせつ》な人《ひと》が がんになったとき…

生《い》きる力《ちから》を引《ひ》き出《だ》す寄《よ》り添《そ》い方《かた》

青春新書 PLAYBOOKS

2018年6月1日　第1刷

著者　樋《ひ》野《の》興《おき》夫《お》

発行者　小澤源太郎

責任編集　株式会社プライム涌光

電話　編集部　03(3203)2850

発行所　東京都新宿区若松町12番1号 〒162-0056　株式会社青春出版社

電話　営業部　03(3207)1916　振替番号　00190-7-98602

印刷・図書印刷　製本・フォーネット社

ISBN978-4-413-21114-7

青春新書 PLAYBOOKS

"血管先生"池谷敏郎のベストセラー

"座りっぱなし"でも病気にならない1日3分の習慣

今日から、座ってる時間が
"10歳若返る時間"に変わります!

ISBN978-4-413-21112-3 1000円

健診・人間ドックではわからない!
かくれ高血糖が体を壊す

糖尿、心臓病、脳卒中、がん、認知症、うつ…
を防ぐ、続けやすい習慣

ISBN978-4-413-21085-0 1000円

人は血管から老化する

何歳からでもすぐに効果が表れる!
食・運動・暮らしの習慣

ISBN978-4-413-21053-9 1000円

※上記は本体価格です。(消費税が別途加算されます)
※書名コード(ISBN)は、書店へのご注文にご利用ください。書店にない場合、電話または Fax(書名・冊数・氏名・住所・電話番号を明記)でもご注文いただけます(代金引換宅急便)。商品到着時に定価+手数料をお支払いください。
〔直販係 電話03-3203-5121 Fax03-3207-0982〕
※青春出版社のホームページでも、オンラインで書籍をお買い求めいただけます。ぜひご利用ください。〔http://www.seishun.co.jp/〕

お願い ページわりの関係からここでは一部の既刊本しか掲載してありません。折り込みの出版案内もご参考にご覧ください。